존 오트버그의

인생, 영생이 되다

ETERNITY IS NOW IN SESSION

Eternity is Now in Session

Originally published in English in the U.S.A. under the title: *Eternity is Now in Session : A Radical Rediscovery of What Jesus Really Taught about Salvation, Eternity and Getting to the Good Place*, by John Ortberg

존 오트버그의
인생, 영생이 되다

지은이 | 존 오트버그
옮긴이 | 정성묵
초판 발행 | 2018. 12. 12
5쇄 발행 | 2024. 3. 28
등록번호 | 제1988-000080호
등록된 곳 | 서울특별시 용산구 서빙고로65길 38
발행처 | 사단법인 두란노서원
영업부 | 02)2078-3333 FAX | 080-749-3705
출판부 | 02)2078-3330

책값은 뒤표지에 있습니다.
ISBN 978-89-531-3338-9 03230

독자의 의견을 기다립니다.
tpress@duranno.com www.duranno.com

두란노서원은 바울 사도가 3차 전도 여행 때 에베소에서 성령 받은 제자들을 따로 세워 하나님의 말씀으로 양육하던 장소입니다. 사도행전 19장 8-20절의 정신에 따라 첫째 목회자를 돕는 사역과 평신도를 훈련시키는 사역, 둘째 세계선교™와 문서선교단행본·잡지 사역, 셋째 예수문화 및 경배와 찬양 사역, 그리고 가정·상담 사역 등을 감당하고 있습니다. 1980년 12월 22일에 창립된 두란노서원은 주님 오실 때까지 이 사역들을 계속할 것입니다.

존 오트버그의

인생,
영생이
되다

존 오트버그 지음
정성묵 옮김

두란노

하나님을 향한 긴 여정에

소중한 길동무가 되어 준

켄 베츨러(Ken Bechler)와

대니 우드(Danny Wood)에게

이 책을 바친다.

Contents

서문. 죽어서 천국 가려고 예수를 택한 사람들에게

'영원'이 시간 속으로 들어왔다 · 08

PART 1

영생은
'천국 가는 것'
그 이상이다

구
원
을

다
시

배
우
다

1. 천국, 누구에게나 좋은 곳일까? · 19
— **막연한 환상과 기대, 그리고 착각**

2. 예수 보혈, 단지 천국 입장권이 아니다 · 38
— **십자가 사건은 믿지만 예수는 못 믿는 사람들**

3. 예수 복음, 인생이 영생이 되는 것이다 · 57
— **제자의 삶, 영생의 시작**

PART 2

일상이
영생과
만날 때

지금 여기서 구원을 살다

막간.
인생, 하나님을 향한 영혼의 여행 • 76

4. 깨어남, 보이지 않던 것이 보이기 시작하다 • 85
— **모든 것에서 하나님 보기**

5. 정화, 내 안의 지옥을 태워 버리다 • 111
— **죄의 짐 내려놓기**

6. 깨달음, 예수님이 믿었던 것을 나도 믿다 • 139
— **새로운 심상 지도(mental map) 받기**

7. 연합, 예수의 손가락과 근육과 세포로 살다 • 162
— **궁극적인 삶의 목표**

감사의 말 • 190
주 • 192

죽어서 천국 가려고
예수를 택한 사람들에게

'영원'이
시간 속으로
들어왔다

"다 왔어요?"

이 말을 들어 보지 못한 부모는 없다. 이 말을 해 보지 않은 아이는 없다. 이 생각을 한 번도 해 보지 않은 사람은 없다. 우리 모두는 조금이라도 빨리 목적지에 도착하고 싶어 조바심을 낸다. 인생길을 그야말로 빛처럼 달려간다. 늘 발에 불이 나도록 뛰어다닌다. 어딘가에 도착하기 위해 달음질을 한다. 그 어딘가가 정확히 어딘지로 모르는 채 그저 달린다. 심장전문의였던 마이어 프리드먼(Meyer Friedman)은 병원 대기실 의자의 덮개 갈아끼우는 일을 하던 직원에게서 매번 덮개의 앞쪽 끝만 닳는 현상에 관해 듣고서 시간에 쫓기는 현대인들의 삶을 나타내는 "조급증"(hurry-sickness)이라는 용어를 만들어 냈다. 많은 사람들이 의사를 빨리 만나고 돌아갈 생각에 의자 가장자리에 엉덩이만 살짝 걸치고 앉는다는 것이다.

"다 왔어요?"

우리는 늘 무언가를 기다리나 정작 무엇을 기다리는지는 잘 모른다. 기독교 신앙에서는 우리가 기다리는 깊고 신비로운 뭔가를 "영원"(eternity)이라는 단어로 표현했다. 전도서 3장 11절은 하나님이 우리에게 "영원을 사모하는 마음"을 주셨다고 말한다. 이 덧없는 세상이 아닌 뭔가가 더 있다는 느낌이 계속해서 우리를 따라다닌다. "모든 육체는 풀과 같고 풀은 언젠가 마른다"는 것이 인간의 현실이지만, 그럼에도 불구하고 하나님은 우리 안에 영원을 사모하는 마음을 두셨다.

대부분의 사람들은 영원을 '시간이 끝없이 이어지는 것'으로 생각한다. 물론 고통과 실망으로 가득한 현재와 같은 삶이 끝없이 계속되기를 원하는 것은 아니다. 이런 삶이 끝없이 이어지는 것은 오히려 두렵다. 이런 식으로 영원하다면 죽음만큼이나 두려운 공포일 것이다. 그래서 그런 두려움을 가리키는 "무한 공포증"(apeirophobia)이라는 말까지 생겨났다.[1]

하지만 브렌다 콜리즌(Brenda Colijn)은 *Images of Salvation in the New Testament*(신약에 나타난 구원의 이미지들)라는 책에서 성경이 말하는 영원한 삶(영원한 생명, 영생)은 "시간의 지속"을 의미하는 것이 아니라고 설명한다. 그 책에 따르면, 영원한 삶은 "언젠가는 반드시 죽는 인간의 삶과 질적으로 다르다. 그것은 '하나님이 사시는 삶'이다."[2] 영원한 삶은 "양적이라기보다 질적이다."[3] "'영원'은 그리스도 안에서 누리는 삶을 말한다."[4]

한마디로 영생이 단지 미래의 삶만은 아니라는 뜻이다. 지금 이 순간에도 우리는 영생을 살 수 있다. 영생은 저 먼 곳에 가야만 비로소 누릴 수 있는 삶이 아니다. 바로 여기서 지금 누릴 수 있는 생명이다. 무엇보다도 영생은, 단지 예수님이 우리를 미래의 목적지로 데려가기 위해 행하신 일 덕분에 받는 삶이 아니다. 그 삶은 예수님의 제자가 되는 과정에서 누리기 시작해서 죽음 이후까지 쭉 누리는 삶이다. 이 말대로라면 많은 사람들이 지금껏 가졌던 예수님이 주신 복음에 관한 생각을 버려야 한다.

보스턴대학교 종교학 박사 스티븐 프로테로(Stephen Prothero)는, 사람이 언젠가 영원에 들어갈 수 있도록 신이 해 준 "준비"라는 개념이 기독교가 다른 종교들과 차별화되는 요인이라고 말했다. 프로테로는 *God Is Not One*(신은 하나가 아니다)이라는 책에서 기독교를 "구원의 길"로 정의하며 기독교 메시지를 이렇게 정리했다. "죄인들은 천국에 들어가거나 영생을 받는 것이 허락되지 않는다." 그러나 "이 이야기(복음)를 듣고 자기 죄를 고백한 뒤에 예수에게 용서를 받는 사람은 누구나 구원받을 수 있다." 그렇게 구원을 받으면 "천국에 들어간다." "오늘날에도 그리스도의 가족에 들어가기 위한 대가는 여전히

[예수가 말한 대로 실천하는-옮긴이] 바른 행동(orthopraxy)이 아닌 바른 교리 (orthodoxy; 혹은 바른 생각)다.”[5] 즉 그리스도인들은 옳은 것을 믿음으로써 죽어서 천국에 가게 된 사람들이라는 말이다.

이야기를 듣고 보니 영화 〈몬티 파이튼의 성배〉(Monty Python and the Holy Grail)의 클라이맥스에서 아서왕과 그 기사들이 그토록 찾아 헤매던 성에 마침내 들어가는 장면이 떠오른다. 그들과 성 사이에는 끝없는 심연이 있고, 주름이 쭈글쭈글한 다리지기가 그 심연 위에 놓인 유일한 다리를 지키고 있다. 다리지기의 질문에 제대로 답하면 그 다리를 건널 수 있고, 답하지 못하면 심연으로 던져질 운명이다.

오늘날 많은 사람이 구원을 이런 식으로 생각한다. 사람이 죽으면 성(천국)에 들어가거나 심연(지옥)에 빠지며, '구원'은 다리를 건너기 위한 옳은 답을 아는 것이다. 그러나 예수님은 구원을 이런 식으로 이야기하신 적이 없다. 예수님은 영생에 관해서도 이런 식으로 말씀하신 적이 없다. 구약 전체에서 예수님은 영생을 단 한 번 아주 분명하게 정의하셨는데, 안타깝게도 오늘날 이 정의를 주목하는 사람은 별로 없다. “영생은 곧 유일하신 참 하나님과 그가 보내신 자 예수 그리스도를 아는 것이니이다”(요 17:3).

영생 = 하나님을 아는 것.

예수님은 '하나님에 관해' 아는 것이라고 말씀하시지 않고, '하나님을' 아는 것이라고 말씀하셨다. 철학자들은 간접 지식과 직접 지식을 구분한다.[6] 예를 들어, 나는 책이나 영화에서 '간접적으로' 러시아 모스크바를 봤기 때문에 누군가 모스크바에 대해 물으면 말로 설명할 수 있다. 하지만 미국 일리노이주 록퍼드의 8월 어느 밤 무더위나 그곳에 폭우가 내린 뒤에 나는 냄새, 이스트고등학교 테니스장에서 테니스공이 통통 튀는 소리, 또…… 그 지역의 희망과 분열과 두려움은 '직접적으로' 안다. 그곳이 내가 살았던 고향이기 때문이다.

직접적인 지식은 상호작용과 참여, 경험을 통해 얻는 지식이다. "하나님을 아는 것" 곧 영생은 실제 삶에서 하나님의 임재와 은혜, 능력을 경험하는 상호 관계를 의미한다. 하나님을 아는 것은 풍성한 삶, 매 순간 감사가 넘치는 삶, 하나님과 늘 동행하는 삶이다. 은혜의 선물로 내가 그분의 사랑하는 친구가 되었다는 사실을 아는 것, 평범한 일상에서 일어나는 소소한 사건과 난관 속에서 바울이 말한 "그 부활의 권능"(빌 3:10)을 아는 것이다. 이것이 영원한 생명, 영생이다.

영생은 우리가 죽어서나 경험할 수 있는 머나먼 외계에 있는 무언가가 아니며, 단순히 다리를 건너 천국에 들어가는 최소한의 조건으로 옳은 교리를 고백하는 것이 아니다. 그보다 훨씬 더 크고, 훨씬 더 놀라운 것이다. 예수님이 전하신 복음은, 앞서 말한 유의 영원한 삶이 '지금' 가능하다는 선포다. 은혜로 그 삶을 살 수 있다. 예수님을 믿을 때, 죽음 너머까지 말 그대로 영원히 그 삶을 살 수 있다. "사람의 영생은 죽음 이후에 시작되는 것이 아니라 하나님이 구속의 은혜로 그를 어루만져 그분의 나라에서 그분과 상호작용하는 삶으로 이끌어 주시는 순간에 시작된다."[7]

내 사무실 책상 맞은편 벽에는 다음 글귀가 붙어 있다. "영원은 현재 진행 중이다." 사랑하는 친구 달라스 윌라드(Dallas Willard)가 생전에 자주 하던 말이다. 하나님은 영원을 시작하기 위해 기다리시지 않는다. 그분은 바로 지금 영원 속에서 살고 계신다. 영원은 성부와 성자와 성령이 서로 나누는 교제와 기쁨이다. 영원은 지금 진행 중이며, 우리는 '지금' 영원에 참여하도록 초대받았다.

물론 우리가 이 세상에서 사는 동안에는 기다려야 할 것이 많다. "다 왔어요?" 물론, 아직 도착하지 않았다. 여전히 죽음은 우리에게서 사랑하는 사람들을 앗아 가고, 도처에서 아이들이 굶주리고, 난민들은 살 곳이 없다. 졸지에 직장이나 꿈을 잃고, 나이가 들면서 몸은 쇠약해져 간다. 매일 거울을 볼 때마다 내가 아직 '저곳'에 도착하지 못했다는 사실을 새삼 느낀다. 바울은 피조물이 "썩어짐의 종노릇한 데서 해방"될 날을 기다리며 탄식한다고 말한다(롬 8:21). 성령 또한 이를 위해 탄식하신다(26절 참조). 이런 우리에게 바울은 우리만이 아니라 온 피조물이 언젠가 하나님 자녀의 자유와 영광을 맛볼 것이라고 말한다. 장 칼뱅(Jean Calvin)은 이렇게 물었다. "소망을 품지 않는다면 우리가 어떻게 되겠는가?"[8]

하지만 어떤 면에서 우리는 이미 '저곳'에 도착했다. 아니, '저곳'이 '이곳'으로 왔다. 영생이 한 나사렛 목수를 통해 탄식이 가득한 이 일시적인 세상 속으로 들어왔다. 실망과 썩음의 한복판에서 나를 지탱해 주시는 분이 나와 나란히 동행하신다. 외로움의 한복판에서 결코 나를 버리시지 않을 친구께서 내 곁으로 오신다. 사망의 음침한 골짜기에서도 그분이 함께하시니 나는 두렵지 않다. 영원이 시간 속으로 들어왔다. '저곳' 곧 하나님의 임재와 능력 안의 삶이 '이곳'으로 왔다. 이 세상에서도 우리는 영원의 평안과 사랑 속으로 깊이 들어갈 수 있다. 이 모험 속에서 우리 삶은 '위대한 실험'(Great Experiment)이 될 수 있다.

달라스 윌라드는 이렇게 말했다. "우리는 …… 구원이라는 기독교의 개념을 철저히 다시 생각해야 한다."[9] 어느 순간 우리는 복음의 힘과 약속을 잃어버렸다. 복음을 죽어서 천국에 가는 것으로만 축소시켰다. 그에 따라 우리가 생각하는 하나님의 크기도 축소되었다. 우리가 전하는 복음은 '하나님을 아는 것'이나 '제자가 되는 것'을 요구하지 않는다.

하지만 우리가 더 이상 복음을 천국에 들어가기 위한 '최소한의 조건'으로 생각하지 않는다면? 우리가 더 이상 영생을 죽은 뒤에나 경험할 수 있는 것으로 치부하지 않는다면? 우리가 더 이상 그리스도인을 '하나님에 관해' 아는 사람이라 생각하지 않고 '하나님을' 아는 제자가 되어 가는 일에 초점을 맞춘다면? 구원의 핵심이 우리를 천국에 데려다주는 것이라기보다 천국을 우리에게로 가져오는 것이라면?

지금까지 우리는 천국을 도착해야 할 목적지로 배워 왔으며, 그곳에 이를 때까지 먼 길을 가는 차에 탄 아이처럼 "다 왔어요?" 하고 연신 물었다. 우리는 '저곳'에 이르러 진짜 기쁨이 시작될 때까지 참고 기다려야 한다고 생각한다. 하지만 우리가 뭔가를 놓치고 있다면?

이 책은 예수님의 복음을 대하는 두 가지 방식을 비교한다. 가장 일반적인 길은 어떻게 하면 죽어서 천국에 가는지에 주목하는 것이다. '이 아래'에서 '저 위'로 가는 방법에 주목한다. '그리스도인'이 되기 위해 특정한 신앙을 고백하거나 특정한 기도를 드리는 것에 집중한다. 복음을 대하는 또 다른 방식은 복음을 '지금' 하나님의 통치와 권능 아래서 살 수 있다는 선포로 이해하는 것이다. 이 관점은 '저 위'가 '이 아래'로 내려오는 것에 주목한다. 은혜로, 예수님을 통해, 죽음을 초월해서, 원하는 모든 이에게, 세상을 위해 '저 위'가 '이 아래'로 내려왔다.

복음을 대하는 첫 번째 방식은 예수님이 주시는 혜택을 그저 받아 누리는 소비자들을 양산한다. 반면, 두 번째 방식은 예수님의 도를 따르는 제자들을 키운다. 나는 후자가 옳다고 믿는다. 후자야말로 예수님이 가르치신 복음, "역사를 마치 마른 가지처럼 B.C.와 A.D.로 뚝 부러뜨린" 복음이라고 믿는다.[10] 지금도 예수님은 내적 변화와 외적 목적을 이루는 이 위대한 모험으로 우리를 부르신다.

"구원이라는 기독교의 개념을 철저히 다시 생각해야" 할 때다. 영원은 현재 진행 중이다.

PART 1.

영생은
'천국 가는 것'
그 이상이다

ETERNITY
IS NOW IN SESSION

구원을
다시 배우다

1   천국,
누구에게나
좋은 곳일까?

막연한 환상과 기대, 그리고 착각

[더글러스 부인은] 내게 나쁜 장소에 관해 이야기해 주었고,
나는 그곳에 가고 싶다고 말했다. …… 아주머니는 못된 말이라고 했다. ……
아주머니는 좋은 곳에 갈 수 있는 삶을 살 것이라고 말했다. ……
아주머니는 그곳에서 소년들은 그저 하루 종일 하프를 켜며
노래를 부르기만 하면 된다고 말했다.
영원히 그렇게 산다고 했다. …… 글쎄,
내가 보기엔 아주머니가 가려는 곳이 별로 좋아 보이지 않았다.
그래서 나는 그곳에 가려고 노력하지 않기로 했다.
- 마크 트웨인(Mark Twain), 《허클베리 핀의 모험》(The Adventures of Huckleberry Finn)

많은 사람들이 내세를 믿는다. 그리고 대부분의 경우, 그들이 믿는 내세는 좋은 곳과 나쁜 곳으로 이루어진다. 좋은 사람이고 옳은 믿음을 가지면 좋은 곳에 간다. 나쁜 사람이고 잘못된 믿음을 가지면 나쁜 곳에 간다. 아주 단순하다.

사람들에게 천국을 어떤 곳이라고 생각하는지 물어보면 어떤 이들은 더글러스 부인처럼 하프나 켜는 곳을 이야기한다. 어떤 이들은 항상 행복하고 초능력으로 뭐든 원하는 대로 할 수 있는 영원한 쾌락의 나라를 떠올린다. 영화 〈영혼의 사랑〉(Defending Your Life)에 나오는 천국은 음식에 칼로리가 없기 때문에 아무리 배가 터지도록 먹어도 살이 찌지 않는 곳이다.

텔레비전 드라마 〈굿 플레이스〉(The Good Places)에서는 천사 마이클(테드 댄슨 분)이 오직 '좋은 사람들'에게만 문을 열어 주는 내세의 유토피아를 그린다. 이야기의 첫 반전은 드라마의 주인공이 사고로 '좋은 곳'에 들어가 좋은 사람인 척하며 살아가는 것이고, 그것보다 더 놀라운 최후의 반전은 마이클이 천사가 아니었고(주인공을 일부러 들여보내 준 것이 분명하다) '좋은 곳'이라고 했던 곳 역시 사실은 '나쁜 곳'이었음이 밝혀진 것이다.

대부분의 사람은 천국을 누구나 '좋아할' 곳으로 생각한다. 이런 천국관은 한 가지 의문을 일으킨다. '왜 하나님은 그곳에 더 많은 사람을 들이시지 않을까?' 이는 잘못된 천국관이다. 사람들은 예수님의 말씀을 진지하게 고민해 보지 않고 그저 영화들이 묘사하는 대로 제멋대로 천국을 상상한다. 영화 속 천국은 누구나 가면 좋아할 쾌락의 나라다. 하지만 예수님이 밝혀 주신 내세의 삶은 영화 속 천국과 사뭇 다르다.

천국에 관해 꼭 알아야 할 사실이 하나 있다. 천국은 '하나님과 함께하는 삶'이다. 천국에서는 하나님을 피하는 것이 불가능하다. 천국은 끝없이 넓어서 오즈의 마법사를 찾듯 하나님을 수소문하고 다녀야 하는 곳이 아니다. 천국은 하나님을 담을 수 없다. 오히려 하나님이 천국을 담고 계신다. 그런데 그런 천국이라면 딱히 가고 싶지 않을 수도 있다. 우리는 하나님이 보지 않았으면 하는 것을 할 자유, 즉 하나님께 간섭받지 않는 삶을 원할 때가 많기 때문이다. 그런데 진짜 천국에서는 우리의 모든 생각과 행동, 말을 하나님이 여과 없이 다 들으신다. 그것도 영원히 말이다.

성적인 죄를 지은 적이 있는가? 장담컨대 당신의 어머니가 보는 중에는 그 죄를 짓지 않았을 것이다. 하물며 천국에는 하나님이 계시지 않는 곳이 없다. 천국에 가면 숨어서 죄지을 곳이 없다. 숨어서 험담하거나 욕심을 부리거나 비판하거나 자랑하거나 탐닉하거나 냉소적으로 굴려고 해도 어디 숨을 곳이 없다.

달라스 윌라드가 두 살배기 딸 이야기를 쓴 적이 있다. 딸아이

천국, 누구에게나 좋은 곳일까?

가 자꾸만 진흙탕에서 놀려고 해서 할머니가 주의를 몇 번 주었더니만, 아이가 놀다 말고 계속 할머니를 향해 "할머니, 나 보지 마요"라고 말했다고 한다. 윌라드는 그 일을 떠올리며 이런 결론을 내렸다. "어린아이의 민감한 영혼은 우리가 잘못을 저지르기 위해서는 아무도 보지 않는 것이 얼마나 필요한지를 보여 준다."[1] 악을 파는 사람들이 비밀 보장을 약속하는 것도 바로 이런 이유에서다. 라스베이거스에서 일어나는 일은 절대 라스베이거스 밖으로 새어 나가지 않는다는 말도 있지 않은가.

"하나님, 잠깐만 제 쪽을 보지 마세요."

이것이야말로 우리가 금지된 행동이나 말, 생각을 하기 전에 반드시 하는 '진짜' 죄인의 기도가 아닐까 싶다. 하지만 천국에서는 이 기도를 드리는 사람도 없고 이 기도가 응답되는 일도 없다. 다시 말해, 천국은 죄를 원하는 사람들이 불행해지는 곳이다. 금연 식당이 비흡연자들에게는 더없이 좋지만 흡연자들에게는 끔찍한 것처럼 말이다. 한 피조물에게는 기쁨을 주는 것이 다른 피조물에게는 고문이 된다. C. S. 루이스(Lewis)는 "모기의 천국과 인간의 지옥은 하나일 수 있다"라고 말했다.[2]

이 세상에 늘 중력이 존재하듯 천국은 겸손과 정직, 섬김, 나눔이 항상 존재하는 곳이다. 존 헨리 뉴먼(John Henry Newman)의 말처럼 "천국은 모든 사람을 위한 곳이 아니다. 천국은 그 맛에 익숙해진 사람들만을 위한 곳이다."[3]

모두가 들어가길 절실히 원하지만 많은 사람이 문전박대를 당하는 배타적인 천국을 꿈꾼다는 말로 기독교를 비판하는 사람이 너무도 많다. 하지만 예수님의 가르침대로라면 오히려 천국을 진정으로 원하는 사람은 별로 없다. 그런 의미에서 찬송가 〈만세 반석 열리니〉(Rock of Ages)의 다음 가사는 의미심장하다.

> 주님의 옆구리에서 흐른 물과 피가 내게 효험되어서
> 나를 진노에서 건지시고 죄에서 정결하게 하소서.

하나님의 진노에서 구원을 받는 "효험"을 원하지 않을 사람은 없을 것이다. 하나님은 우리가 하나님의 진노를 받지 않도록 예수님을 십자가로 보내 우리 대신 궁극적인 영적 죽음을 맞게 하셨다. 누구나 하나님의 진노에서 구원받기를 원한다. 하지만 "죄에서 정결하게" 되는 일에는 크게 관심이 없다.[4]

우리에게 천국에 들어가는 것보다 더 큰 문제는 천국에 어울리는 사람이 되는 것이다. 지금 하나님의 지속적인 임재 가운데 사는 것이 싫은데 하나님의 지속적인 임재 가운데 영원히 사는 것이 뭐가 좋겠는가. 악한 행동이나 생각을 하고 싶어도 할 수 없는 것이 뭐가 좋겠는가. 천국이 이런 곳이라면 과연 누가 '기꺼이' 그곳에 들어가려고 할까? 그러니 '천국에 들어가기 위한 방법'보다 '하나님'을 먼저 생각해야 한다. 하나님은 어떤 분이신가?

하나님은 언제나 우리 모두에게 가장 유익한 일을 행하길 원하신다. 그래서 예수님은 아버지의 선하심에 관해서 "내일 일을 위하여 염려하지 말라"라고 말씀하셨다(마 6:34). 하나님이 이렇게 우리의 내일을 챙겨 주길 원하시는 분이라면, 분명 우리의 영원도 챙겨 주길 원하실 것이다.

하나님이 우리 죄를 위해 아들을 십자가에서 죽게 하신 사건은 인류를 용서하고 회복시키고자 하는 그분의 간절한 바람을 궁극적으로 보여 주는 사건이다. 달라스 윌라드는 이런 표현을 썼다. "나는 신중히 고민한 끝에 천국을 견딜 수 있다고 자신하는 모든 사람을 하나님이 기꺼이 받아 주실 것이라고 확신한다."[5]

하나님이 모든 사람을 기꺼이 받아 주신다는 말에 고개를 갸우뚱거리는 사람이 많을 것이다. 하지만 가만히 생각해 보면 참 맞는 말이다. 하나님이 모든 사람을 천국에 받아 줄 마음도 없이 아들을 보내 우리를 위해 죽게 만드셨을 리가 없다. 문제는 "천국을 견디는 것"이 우리가 생각하는 것보다 훨씬 힘들 수 있다는 점이다. 특히, 영원한 쾌락의 나라를 꿈꾸는 사람들에게는 더더욱 그렇다.

C. S. 루이스가 《고통의 문제》(*The Problem of Pain*, 홍성사 역간)에서 "지옥의 문은 안에서 닫혀 있다"라고 말한 것도 이런 이유에서다.[6] 지옥은 하나님이 없는 곳이며, 생각보다 많은 사람이 이곳을 원한다. 우리들이 흔히 말하기를, 천국에 대해서는 "천국으로 가는 계단"이라는 표현을 쓰는 반면 지옥에 대해서는 "지옥행 고속도로"라고 말하는 이유가 그것이 아닐까 싶다.

하지만 좋은 소식이 있다. 영생은 천국에 가는 것 이상이다. 영생은 양적이라기보다 질적이다. 다시 말해, 영생은 지금 우리가 어떤 '질' 혹은 어떤 '종류'의 삶을 살지를 결정한다. 예수님은 천국에 들어가는 것보다 천국을 우리에게로 가져오는 것에 관해 더 많이 가르치셨다.

예수의
진짜 뉴스

어떤 뉴스를 듣는지 보면 그 사람이 어떤 사람인지 알 수 있다. 정치 스펙트럼의 양쪽 끝에 있는 사람들은 각기 한쪽 극단의 뉴스를 주로 듣는다. 당신은 주로 어떤 뉴스를 듣는가?

예수님은 다른 무엇보다도 뉴스를 전하는 일을 하셨다. 이 이야기를 이상하게 듣는 사람은 아마도 뉴스를 현대의 문화라고만 생각해서일 것이다. 마태복음을 보자. "예수께서 온 갈릴리에 두루 다니사 그들의 회당에서 가르치시며[teaching] 천국 복음[good news]을 전파하시며[preaching] 백성 중의 모든 병과 모든 약한 것을 고치시니 그의 소문[news]이 온 수리아에 퍼진지라"(마 4:23-24).

여기서 우리는 한 가지 중요한 차이를 놓치기 쉽다. 예수님은 가르치셨다(teach). 이 땅에서 사는 법을 지시하거나 조언하셨다. 그러나 또한 예수님은 전파하고(preach) 선포하셨다. 그런데 오늘날 우리는 "프리칭"(preaching; 설교) 하면 교회에서 사람들에게 "이것저것을 해라"라고 말하는 것을 떠올리는 경향이 있다. 하지만 예수님 당시에는 프

천국, 누구에게나 좋은 곳일까?

리칭을 그런 의미로 사용하지 않았다. 그것은 심지어 종교 용어가 아니라 '뉴스' 용어였다.

예수님은 두루 다니면서 어떤 사건을 전하고 선포하셨다. 그리고 이것은 그냥 뉴스가 아니라 '좋은 뉴스'(good news)였다. 바로 이것이 '복음'(gospel)의 의미다. '복음'이라는 단어를 들어 보지 못한 사람은 별로 없다. 하지만 대부분의 사람, 심지어 대부분의 교인도 예수님이 '직접' 선포하신 복음을 알지 못한다.

"예수님이 직접 선포하신 복음은 무엇일까?" 목회를 수년째 이어 오며 베테랑 목사를 자처하던 때에 이 질문을 처음 마주했다. 나는 신학교를 나왔을 뿐 아니라 그 이후에도 적잖이 신학을 공부했다. 나는 '공인된 복음 설교자'였다. 뭔가에 공식 자격증이 있다면 그것을 정확히 알아야만 한다. 하지만 그때까지도 나는 복음을 전하시는 '예수님'에 관해서는 제대로 생각해 본 적이 없었다. 복음은 예수님이 돌아가신 이후에 생긴 것이라고만 생각했다.

하지만 예수님은 분명 복음을 갖고 계셨고, 신약 기자들의 기록에서 이 점이 더욱 명확해진다. 그런데 예수님이 뭔가를 역사상 가장 큰 뉴스로 여기셨다면 그분을 따르는 사람들이 그것을 모른다는 것은 있을 수 없는 일이다. 마가는 예수님이 사역 첫날부터 밝히신 복음을 명료하게 정리한다. "요한이 잡힌 후 예수께서 갈릴리에 오셔서 하나님의 복음을 전파하여 이르시되 때가 찼고 하나님의 나라가 가까이 왔으니 회개하고 복음을 믿으라 하시더라"(막 1:14-15).

예수님은 제자들을 선별하신 뒤 "열두 제자를 불러 모으사 모든 귀신을 제어하며 병을 고치는 능력과 권위를 주시고 하나님의 나라를 전파하며 앓는 자를 고치게 하려고 내보내"셨다(눅 9:1-2). 예수님은 죽음에서 일어나신 뒤 "사십 일 동안 그들에게 보이시며 하나님 나라의 일을 말씀"하셨다(행 1:3). 그리고 바울은 초대 교회에 관한 사도행전의 마지막 묘사에서 "하나님의 나라를 전파하며"(행 28:31)라고 기록했다.

예수님의 복음은 간단하다. 예수님을 통해 이제 평범한 사람들이 하나님 나라에서 살 수 있게 되었다는 것이다. 지금, 여기서 원하기만 하면 누구나 하나님 나라에서 살 수 있다. 이 복된 뉴스는 예수님의 죽음과 부활을 통해 확증되었다. 그 뒤로 여러 사람들이 이 복음을 전파했지만 엄연히 예수님의 복음이다.

신약학자 매튜 베이츠(Matthew Bates)에 따르면, 예수님의 삶에 관한 이야기를 교회 초창기부터 "마가의 복음"이나 "마태의 복음" 등으로 명명하지 않고, "마가가 '전하는' 복음"과 "마태가 '전하는' 복음"으로 명명했다.[7] 복음은 하나뿐이며 그 복음은 예수님께 속했다는 것이다. 복음을 처음 선포하신 분은 바로 예수님이시다. 복음은 어디까지나 예수님의 복음이다. 마태와 마가, 누가, 요한(베드로와 바울도 마찬가지)은 예수님이 처음 선포하고 실현시키신 복음을 기록했을 뿐이다.

여기서 한 가지 의문점이 든다. "당신이 믿는 복음은 무엇인가?" 종교를 믿든 믿지 않든 우리 모두는 일종의 복음 위에 삶을 짓는다. 누구에게나 자신의 존재를 구속해 줄 것이라고 믿는 '좋은 뉴스들'이 있다. 돈일 수도 있고 성공일 수도 있다. 평판이나 건강, 결혼의 복음을 믿는 사람도 있다. 누구나 복음을 갖고 있다. 예수님의 복음은, 하나님이 지금 여기에 계시다는 것이다. 하나님이 지금 역사하신다. 하나님의 은혜와 능력을 매일 경험할 이 우주적 기회를 중심으로 당신의 인생 계획을 조정해 보는 것이 어떤가?

어떤 이들은 예수님이 이 땅에 오신 진정한 목적이 십자가에서 죽는 것이라고 가르친다. 하지만 십자가 죽음은 그분의 임무 중 일부분에 불과했다. 예수님의 전반적인 임무는 하나님 나라를 가져오는 것이었다.[8] 그분의 복음은 그 나라가 우리에게 가능하다는 복음이었다. 그분의 목적은 자신의 삶과 죽음, 부활을 통해 그 나라의 현실을 실제로 보여 주는 것이었다. 그분의 명령은 그 나라를 추구하라는 것이었다. 그분의 계획은 그분의 백성이 그 나라를 넓히도록 만드는 것이었다.

그분이 은혜의 선물로 우리를 하나님 나라의 일꾼으로 초대하신다. 우리의 삶과 육체와 뜻 가운데서 하나님의 통치를 경험한 뒤, 상처받아 피 흘리는 주변 사람들에게 하나님의 능력과 기쁨, 사랑을 전해 주는 통로가 되라 하신다.

예수님은 선포할 복음을 갖고 계셨다. 십자가와 부활을 통해 분명히 드러난 이 복음을 우리 삶의 출발점이요 중심으로 삼지 않으면 복음을 단순한 천국 입장권 정도로 왜곡시킬 수밖에 없다. 예수님이 가르치신 복음으로 시작하지 않으면 예수님이 가르치시지 '않은' 복음으로 마무리될 수밖에 없다. 예수님 나라의 복음은 절망한 사람들에게 구원을, 불의로 가득한 세상에 치유를 제시한다.

하지만 예수님의 이름을 외치는 사람들 중에도 그 나라가 무엇인지 제대로 답할 수 없는 사람이 수두룩하다. 심지어 이제 우리는 '나라'라는 단어를 자주 사용하지도 않는다. 그래서 이 단어에서부터 시작해 보려 한다.

그 나라는
이미 시작되었다

모두가 나름의 나라를 갖고 있다. 성경적인 의미에서의 나라 말이다. 내 나라는 내가 말하는 대로 이루어지는 작은 영역이다. 내 나라는 "내 뜻이 이루어지는 영역"이다.[9]

사람들은 어릴 적부터 자신이 나라를 갖도록 지음받았다는 사실을 배운다. 이것이 우리가 시키는 대로 하기 싫어하는 이유다. 내 아내가 즐겨 쓰는 표현 하나는 "당신이 내 상사인 줄 알아요?"다. 두 살배기가 가장 즐겨 하는 말이 뭔지 아는가? "싫어." 녀석들이 두 번째로 즐겨 하는 말은? "내 거야!" 이렇게 사람은 누구나 꽤 이른 시기부터 자기 나라를 추구한다.

여행 중에 꼬맹이들에게 자동차 뒷자리에 함께 앉으라고 하면 서로 보이지 않는 선을 그리고 무언의 엄포를 놓는다. "이 선을 넘어오지 않는 게 좋을 거야. 여긴 '내' 나라거든." 그리고 나서 각자 자기

천국, 누구에게나 좋은 곳일까?

나라를 지키기 위한 전쟁을 시작한다. 하지만 아빠는 자동차 전체가 '자신의' 나라라고 생각한다. 아빠가 손을 뒷좌석으로 쑥 내밀며 조용히 하지 않으면 혼내겠다고 엄포를 놓으면 아이들은 양쪽 구석으로 후퇴한다.

내 나라는 내 뜻이 이루어지는 영역이다. 내 나라는 내가 원하는 대로 이루어지는 영역이다. 그러니 나라를 갖는 것은 좋은 일이다. 하나님은 우리를 그런 존재로 창조하셨다. "하나님이 이르시되 우리의 형상을 따라 우리의 모양대로 우리가 사람을 만들고 그들로 바다의 물고기와 하늘의 새와 가축과 온 땅과 땅에 기는 모든 것을 다스리게 하자"(창 1:26). "다스리게"는 곧 나라를 의미한다.

한번은 가족끼리 산책을 나갔다가 언덕길을 지나는 중이었다. 그런데 그 길 위에 있는 집에서 한 남자가 나오더니 우리 집 개의 이름을 물었다. 나는 당연히 남자가 호의적으로 말을 거는 줄 알았다. 그런데 갑자기 남자가 왜 자신의 사유지에 들어왔냐며 소리를 지르기 시작했다. 남자가 쏟아 내는 (차마 지면으로 옮길 수 없는) 욕설에 우리는 어안이 벙벙했다. 남자는 누구의 나라에서 살고 있는 것인가? 그 남자는 '자아의 나라'에서 살고 있다. '여긴 내 나라야. 나 혼자만 사용할 거야. 누구든 내 나라를 침범하면 죽여 버리겠어!' 우리가 하필 그런 무시무시한 나라를 침범한 것이다.

이 땅에서 우리의 모든 나라들은 서로 교차하고 통합되어 가족, 기업, 국가, 경제 시스템, 정치 시스템, 문화 시스템 같은 더 큰 나라들을 이룬다. 이 모든 나라들을 합쳐서 "이 땅의 나라"로 부를 수 있다. 그런데 이 나라는 죄로 가득하다. 잠시 비교해 보자.

예수님은 "하나님의 나라"라는 영토가 있다고 말씀하신다. 이곳에서는 하나님의 뜻이 이루어진다. 이곳에서는 항상 하나님이 인정하시고 기뻐하시는 일만 일어난다. 모든 것이 정확히 하나님이 원하시는 대로 이루어진다. 그곳에서는 가장 큰 자들이 어린아이처럼 자신을 낮춘다. 그곳에는 고압적인 자도 거만한 자도 없다. 아무도 근심 걱정에 시달리지 않는다. 사람들이 만날 때마다 만나기 전보다 더 기쁜 마음으로 헤어진다. 사도 바울에 따르면 "하나님의 나라는 먹는 것과 마시는 것이 아니요 오직 성령 안에 있는 의와 평강과 희락이라"(롬 14:17).

사랑과 섬김으로 이 나라 전체를 통치하는 분은 예수님의 아버지 곧 하나님이시다. 이 나라에서는 그분의 끝없고 이타적인 사랑을 높이는 찬송이 끝없이 울려 퍼진다. 이 나라는 실제로 존재한다. 우리보다 먼저 세상을 떠난 믿음의 형제자매들이 바로 지금 이런 실재에 참여하고 있다.

반면, "이 땅의 나라"도 있다. 그 나라에서는 어떤 일이 벌어질까? 폭력과 배신이 난무하고, 수많은 아기들이 매일 영양실조로 죽어간다. 여성들이 남자들에게 성폭력을 당하거나 무시를 당하고 심지어 상품처럼 팔리기까지 한다. 종교라는 이름으로 다른 사람들을 함부로 죽이고, 하나님의 피조세계는 나날이 오염되어 간다. 결혼 서약을 쉽게 저버리고, 인종 갈등으로 크고 작은 문제들이 끊이질 않는다. 문화 전쟁에, 사람들은 거의 모든 영역을 정치화하려 하고, 냉소와 두려움, 우울증, 고립으로 사회는 어지럽다. 그렇다면 과연 누가 이 세상 나라를 운영하는가?

세상 나라의 사정은 좋지 못하다. 가난하고 약하고 늙고 평범하고 못 배운 사람들을 위한 좋은 뉴스는 별로 없다. 하지만 예수님께는 계획이 있었다.

> 하늘에 계신 우리 아버지여 이름이 거룩히 여김을 받으시오며 나라가 임하시오며 뜻이 하늘에서 이루어진 것같이 땅에서도 이루어지이다(마 6:9-10).

다시 말해 "자, 내 계획을 소개하마. 내 계획은 '저곳'을 '이곳'으로 가져오는 것이다"라는 뜻이다.

나도 여느 그리스도인들처럼 〈스타트렉〉(Star Trek) 시리즈에 나오는 "스코티, 내게 이동 광선을 쏴 줘!" 같은 기도와 함께 자랐다. 나는 하나님께 우리를 이 망가진 땅에서 천국으로 순간 이동을 시켜 달라고 기도해야 한다고 생각했다. 하지만 예수님은 전혀 다른 기도를 가르치셨다. "이곳에서 벗어나 저곳으로 올라가게 해 주옵소서"가 아니라 "저곳이 이곳으로 내려오게 해 주옵소서"다.

예수님은 천국('하나님의' 나라, '하나님의' 뜻)이 여기로, 즉 내 사무실, 내가 사는 동네, 내 소그룹, 내 가족, 내 국가로 내려오게 해 달라고 기도하라고 가르치셨다. 내 삶, 내 몸, 내 작은 나라에 먼저 천국이 임해야 한다. 예수님의 복음에는 역사상 가장 위대한 제안이 담겨 있다. 우리 삶 전체가 현재와 미래에 동시에 구원을 받는 것이다. 단순히 우리가 천국에 가는 것이 아니라 천국이 우리에게로 내려올 수 있다. 예수님이 제시하시는 것을 제대로 알면, 밭에서 보화를 발견한 것처럼 전 재산을 팔아 그 밭을 산 뒤 콧노래를 부를 것이다. 늦은 밤 홈쇼핑 광고를 볼 때처럼 이것은 실로 '좋은 뉴스'라며 지체 없이 전화를 걸 것이다.

자, 이제부터가 문제다. 이런 일이 일어날 수 있다고 정말로 믿는가? 하나님 나라가 당신의 삶에서부터 시작해 이 땅에 세워질 수 있다고 정말로 믿는가? 이것이 예수님의 메시지며 계획이요 복음이었다는 점을 이해하는 사람은 그리 많지 않다. 심지어 교회 활동에 적극적으로 참여하는 사람들도 그저 "이동 광선을 쏴 주세요!"라는 기도만 드릴 뿐이다. 하지만 예수님은 "이곳에서 벗어나 저곳으로 올라가게 해 주옵소서"라고 기도하라신 적이 없다. 현재 우리가 있는 곳에 하나님의 나라가 세워지게 해 달라고 기도하라고 말씀하셨다.

예수님의 복음은 미래 어느 시점에 이루어질지 모르는 뭔가에 관한 것이 아니다. 그 나라는 그분 안에서 이미 시작되었다. 남모를 선행을 통해, 이타적인 사랑을 통해, 그 나라를 반대하는 나라들의 한복판에서 시작되었다. 이쯤에서 의문이 고개를 든다. "하나님의 나라가 예수님 안에서 이미 왔다면 이 땅은 왜 여전히 엉망인가? 내 주변에 가득한 고통과 고난은 다 무엇인가?"

초대 교회가 수십 년 만에야 비로소 깨달은 답은 다른 '나라들'이 여전히 남아 있다는 것이다. 그리고 그 고집스러운 뜻들 가운데 하

천국, 누구에게나 좋은 곳일까?

나는 바로 내 뜻이다. 그 모든 반대 목소리들은 언젠가는 잠잠해질 테지만 지금은 여전히 아우성치고 있다. 하나님께서 강압적으로 하지 않으시고, 인내하는 사랑으로 역사하시기 때문이다.

예수님이 태어나셨을 때 로마에는 복음이 있었다. 옛 로마의 한 비문에는 이렇게 쓰여 있다. "세상 사람들에게 신[가이사 아구스도를 지칭]의 탄생일은 그분을 통해 인간들에게 찾아온 기쁜 뉴스들[복음]의 시작이었다."

예수님의 복음은 폭력과 두려움으로 산 로마의 '좋은 뉴스들'이 실은 가짜라는 선포다. 인간의 나라는 이 땅을 구속하고 변화시킬 수 없다. 오직 왕이신 예수님만이 그 일을 하실 수 있다. 궁극적으로 이루어질 예수님의 승리는 변하지 않는 사실이다. 그리고 누구든 원하면 그분 나라의 일부가 될 수 있다. 여기서, 지금 바로!

'저 위'가
'이 아래'로 내려오다

'저 위'를 '이 아래'로 내리는 것이 하나님의 계획이다. "구원하심이 보좌에 앉으신 우리 하나님과 어린양에게 있도다"(계 7:10). 언젠가 하나님이 이 계획을 완성하실 것이다. 성경의 약속은 우리가 몸이 없는 영혼으로 구름 위에 있는 진주문과 황금 벽돌로 만들어진 영적 은퇴촌에서 영원히 빈둥거리는 것이 아니다. 끝없이 교회 예배를 드리는 것도 아니다. 성경은 부활이 일어나고 하나님의 모든 피조물이 영광스럽게 변할 것이라고 약속한다. 달라스 윌라드가 생전에 자주 말했듯이 우리의 운명은, 거대한 창조 팀에 속해 상상할 수 없이 훌륭한 리더와 함께 상상할 수 없이 거대한 규모의 창조 활동을 펼치며 날마다 생산성과 만족감이 더해져 가는 "여태껏 눈이 보지 못했고 귀가 듣지 못한" 경험을 하는 것이다.[10]

신학자 위르겐 몰트만(Jürgen Moltmann)은 미래를 두 종류 "푸투룸"(futurum)과 "아드벤투스"(adventus)로 구분했다. 푸투룸은 인간이 설명할 수 있고 관리할 가능성이 있는 종류의 미래다. 아드벤투스는 외부에서 인류 역사 속으로 들어오는 미래다. 몰트만은 역사의 끝이 아드벤투스라고 말한다. 그 일은 '하나님'이 오실 때 이루어진다.[11]

우리는 이 일을 기다릴 뿐 통제할 수 없다. 인간이 다른 인간에게 유토피아를 강요하면 나쁜 일이 벌어진다. 다만 우리의 기다림은 수동적인 것이 아니다. 우리가 통제하지는 않지만 그렇다고 해서 빈둥거리는 것은 아니다. 우리도 하나님의 계획에 참여한다. 우리가 저 위 삶의 한 조각을 이 아래로 가져올 때마다 하나님의 나라가 이 망가진 세상 나라 속으로 들어온다.

우리가 누군가와 갈등을 빚어 그에게 상처를 주고 그에 관한 험담을 하고 그를 피하고 싶지만 오히려 그를 찾아가 화해와 용서를 구할 때 하나님의 나라가 이 세상 속으로 들어온다. 우리가 굶주리거나 집이 없거나 가난한 누군가에게 가진 돈을 내밀 때 하나님의 나라가 이 세상 속으로 들어온다. 중독자가 하나님과 동행하기를 간절히 원해서 더 이상 숨지 않고 자신의 잘못을 인정하고 사랑의 공동체를 향해 도움을 구할 때 하나님의 나라가 이 세상 속으로 들어온다. 일중독인 부모가 일을 우상으로 삼던 삶의 우선순위를 정돈하여 하나님이 맡겨 주신 자녀를 사랑하고 돌보는 시간을 낼 때 하나님의 나라가 이 세상 속으로 들어온다.

이런 복된 뉴스들은 예수님을 통해 일어난다. 예수님이 성육신을 통해 말 그대로 '저 위'에서 '이 아래'로 내려오신 분이다. "말씀이 육신이 되어 우리 가운데 거하시매"(요 1:14).

우리가 애쓰지 않아도 된다. 끝없이 이어지는 할 일 목록은 필요 없다. 이런 일들을 '자연스럽고도 즐겁게' 할 수 있는 사람으로 점점 변해 갈 능력을 우리에게 주심을 감사하라.

이것이 예수님이 삭개오의 집에 오신 뒤 삭개오가 재산의 절반을 가난한 사람들에게 주고 그동안 사취한 모든 것을 네 배로 갚아 주겠다고 약속했을 때 예수님이 "오늘 구원이 이 집에 이르렀으니"라고 말씀하신 이유다(눅 19:9). 이는 단순히 삭개오가 죽어서 하나님과 함께 있을 것이라는 뜻만이 아니다(물론 그렇게 되겠지만). 예수님이 이 집에 오신 것이 곧 '저 위'가 '이 아래'로 내려온 것이다. 이제 예수님을 통해 부패한 세리가 하나님의 나라를 가져오는 자가 되고, 가난한 사람들이 도움을 받고, 사취를 당한 사람들이 보상을 받고, 하나님의 뜻이 하늘에서처럼 이 땅에서도 이루어지기 시작했다.

(십자가 사건 자체가 지닌 좋은 뉴스를 포함해) 복음은 만물의 회복을 의미한다. 미로슬라브 볼프(Miroslav Volf)는 이렇게 말했다. "십자가는 단

순히 용서만이 아니라 하나님이 불의와 기만의 세상을 바로잡으시는 것을 의미한다."[12] 이것이 복음이 선포하는 메시지다. 삭개오에게서 시작된 회복이 우리에게도 임하고 있다.

천국, 누구에게나 좋은 곳일까?

2 예수 보혈,
단지 천국 입장권이
아니다

십자가 사건은 믿지만 예수는 못 믿는 사람들

너희는 그 은혜에 의하여 믿음으로 말미암아 구원을 받았으니
이것은 너희에게서 난 것이 아니요 하나님의 선물이라
행위에서 난 것이 아니니 이는 누구든지 자랑하지 못하게 함이라
우리는 그가 만드신 바라 그리스도 예수 안에서 선한 일을 위하여
지으심을 받은 자니 이 일은 하나님이 전에 예비하사
우리로 그 가운데서 행하게 하려 하심이니라.
- 에베소서 2장 8-10절

"나는 열세 살에 죄에서 구원을 받았다. 하지만 진정으로 구원을 받지는 못했다."

랭스턴 휴즈(Langston Hughes)의 에세이 "구원"(Salvation)은 이렇게 시작된다. 휴즈는 리드(Reed) 이모가 다니는 교회에서 열린 부흥집회에서 맨 앞 줄 회개자석에 앉았다. 그때 경험을 다음과 같이 묘사했다.

> 이모는 구원을 받으면 빛을 보게 되면서 내 안에서 어떤 일이 일어난다고 말했다! 그 순간, 예수님이 내 삶으로 들어오신다고 했다. 그때부터 쭉 하나님이 나와 함께 계신다고 한다. 이모는 영혼 깊은 곳에서 예수님을 보고 느끼고 그분의 음성을 들을 수 있게 된다고 말했다. 이모 말고도 정말 많은 어른들이 그렇게 말하는 걸로 보아 사실인 듯했다. 그래서 붐비는 인파로 열기가 넘치는 그 교회에 조용히 앉아 예수님이 내게 오시길 기다렸다.[1]

부흥집회를 인도하던 목사는 잃은 양들의 신음과 절규로 가득한 무시무시한 지옥에 관한 설교를 전하고서 말했다. "앞으로 나오지 않겠습니까? 예수님께로 오지 않겠습니까? 어린양들이여, 앞으로 나오지 않겠습니까?"

하지만 휴즈는 자리에서 일어나지 않았다.

> 마침내 나와 한 아이만 빼고 모든 아이가 제단으로 나와 구원을
> 받았다. 내 옆에 앉은 아이는 순회 설교자의 아들로, 이름은
> 웨슬리(Westley)라고 했다. 곧 누나들과 집사들이 웨슬리와 나를
> 빙 두른 채 기도를 했다. 교회 안은 몹시 뜨겁고, 시간은 점점
> 늦어져 갔다. 결국 웨슬리가 내게 조용히 속삭였다. ……
> "더 이상 앉아 있지 못하겠다. 그냥 나가서 구원을 받자."
> 그렇게 웨슬리는 나가서 구원을 받았다.[2]

그리하여 회개자석에 휴즈 혼자 남아 아직 오시지 않은 예수님
을 기다리고 있었다. 목사는 점점 더 간절한 목소리로 애원했고, 이모
는 그를 위해 흐느꼈다. 온 회중이 뜨겁게 기도했다. 수치와 당황스
러움, 두려움으로 마침내 휴즈는 거짓말을 하기로 결심했다. 결국 그
는 예수님이 오셨다고 말하고 앞으로 나가 구원을 받았다. 온 교회가
시끌벅적하게 기뻐했다. 하지만 휴즈는 속으로 조용히 죽었다.

그날 밤, 그 이후로 딱 한 번을 제외하곤 내 인생에서 마지막으로
울었다. 열두 살이나 먹은 덩치 큰 녀석이 침대에서 혼자 울었다.
한번 시작된 눈물은 그칠 줄 몰랐다. 이불 속에 머리를 묻었지만
이모가 들었다. 이모가 잠에서 깨어 삼촌에게 내가 성령을 받고

예수님을 봐서 울고 있다고 말했다. 하지만 그날 내가 운 것은 내가 거짓말했고 온 교인을 속였다고, 사실은 예수님을 보지 못했으며, 예수님이 나를 도와주러 오지 않았기 때문에 더 이상 예수님이 있다고 믿지 않는다고 차마 이모에게 솔직히 고백할 수 없었기 때문이다.[3]

휴즈만 그런 것이 아니다. 하나님을 찾거나 영적인 갈증에 시달리는 사람들 중에 휴즈처럼 '구원받는 방법'을 듣고 나서 좌절감을 느끼는 사람이 많다. 어떤 교단에서는 특정한 '구원의 기도'를 드리면 영혼이 쉼을 얻는다고 말하는데 그 기도를 드리고도 그런 경험을 하지 못하는 사람들은 혼란과 좌절에 빠질 수밖에 없다.

풍자적인 웹사이트 '바빌론 비'(Babylon Bee)에 "죄인의 기도가 없는 성경에 전액 환불 요청이 들어오다"라는 글이 올라온 적이 있다. 그 글에서 가상의 한 소비자가 불만을 토로한다. "그대로 읊기만 하면 하늘나라에 들어가고 그 뒤로 어떻게 사는지와 상관없이 영생을 영원히 확보해 준다는 마법의 기도문이 있다더니 성경책을 아무리 뒤져 봐도 그런 기도문은 찾을 수 없었다."[4]

휴즈처럼 마법의 기도문을 읊고 나서도 기대했던 극적인 내적 변화를 경험하지 못한 사람들이 많다. 혹시 자신이 기도를 잘못 드린 것이 아닌가 싶어 다음 날 밤에도, 다음주에도, 다음해에도 그 기도를 반복해 보지만 아무런 변화의 조짐도 없다. 결국 자신은 천국에 들어갈 수 없는 사람인가 보다 하며 깊은 좌절감에 빠진다.

예수 보혈, 단지 천국 입장권이 아니다

그들이 기도를 잘못 드린 것이 아니다. 문제는 그들이 구원에 너무 편협한 정의를 내렸다는 것이다. 그들은 매 순간 예수님께 생명을 받는 것이 아니라 자신의 천국 지원서가 통과되는 것으로 구원을 정의한다.

물론 제단 앞에 나아가 용서의 기도를 드리고 눈물로 자비를 호소하는 순간부터 하나님과의 동행을 시작하는 사람도 많다. 또 우리를 구원하는 하나님의 능력은 우리가 구원을 얼마나 정확히 정의 내리느냐와는 아무런 상관이 없다.

하지만 예수님의 메시지는 나쁜 곳에서 좋은 곳으로 탈출하기 위한 죄 용서의 메시지만이 아니다. 그분의 메시지는 새로운 삶에 관한 메시지이기도 하다. 물론 이 새로운 삶에는 죄 용서도 포함되지만 그 외에도 다른 많은 것이 포함된다. 그래서 신약에서 구원의 동의어로 "생명"을 주로 사용하는 것이다.

내가 온 것은 양으로 **생명**을 얻게 하고 더 풍성히 얻게 하려는 것이라(요 10:10).

아들이 있는 자에게는 **생명**이 있고(요일 5:12).

긍휼이 풍성하신 하나님이 우리를 사랑하신 그 큰 사랑을 인하여 허물로 죽은 우리를 그리스도와 함께 **살리셨고**(엡 2:4-5).

신약에서 "구원"과 "영생", "하나님의 나라"라는 표현은 모두 예수님의 제자가 되면서 현실적으로 겪는 인생 변화의 항목을 가리킨다. 마가복음 10장의 부자 청년 이야기에 이 점이 확연히 드러난다. 부자 청년은 예수님께 무엇을 해야 "'영생'을 얻으리이까?"라고 물었다(17절). 그때 예수님은 영생을 "'하나님의 나라'에 들어가기"(예수님은 23-25절에서 이 표현을 세 번이나 사용하신다)와 동일시하셨다. 그러자 제자들은 "누가 '구원'을 얻을 수 있는가?"라고 말했다(26절). 이 대화에서 보듯이 '영생을 얻는 것'은 곧 '하나님의 나라에 들어가는 것'이고, 하나님의 나라에 들어가는 것은 곧 '구원을 받는 것'이다.

　　부자 청년이 어떻게 해야 영생을 얻을 수 있는지 물었을 때, 예수님은 "이 기도만 드리면 그 뒤로는 네가 하고 싶은 대로 해도 된다. 나에 관한 옳은 교리를 믿으면 죽어서 천국에 들어갈 것이다"라고 말씀하시지도 않았다. 예수님은 청년에게 삶의 보좌에서 돈을 끌어내리고 대신 그분을 앉히라고 말씀하셨다. 용서받기 위해서가 아니라 하나님 나라의 현실에서 살기 위해 그렇게 하라고 하셨다.

　　구원의 핵심은 우리를 천국으로 데려가는 것이 아니라, 천국을 우리에게로 가져오는 것이다. 구원의 핵심은 장소 이동이 아니라, 삶의 변화다. 구원의 핵심은 하나님이 '내게' 해 주시는 일이 아니라, 하나님이 '내 안에서' 하시는 일이다. 구원의 핵심은 하나님 나라의 삶이 한 번에 한 순간씩 내 작은 삶 속으로 스며들게 만드는 것이다.

구원받기 위한
최소한의 조건?

예부터 많은 교단에서 '구원받은' 여부를 가리는 기준으로 "오늘 밤 죽으면 천국에 갈 것이라고 확신하는가?"라는 질문을 사용했다. 대개 이 질문을 던지는 사람들이 정말로 알고 싶은 것은 "죽었을 때 천국에 들어가기 위한 최소 조건을 확실히 충족시켰는가?"다. 정확히 이런 표현을 쓰지는 않지만 이것이 그 질문에 담긴 속뜻이다. "지옥에서 천국으로 넘어가는 경계선을 지나기 위해 해야 할 일을 했는가?"

여기에서 보듯 '구원하는 은혜'는 우리가 천국에 들어가기 위해 꼭 믿어야 하는 최소한의 것이 되었다. 그러면서 자연스레 다른 믿음들은 구원에 관해서는 선택사항이 되었다. 예수님이 다음과 같이 말씀하시는 것이 상상이 가는가? "내가 가르친 모든 것을 믿는 것은 선택사항이다. 내가 네 삶을 너보다 더 잘 운영할 수 있다고 믿고서 네 삶을 내게 맡기는 것은 선택사항이다. 실제로 내게 순종하는 것은 선택사항이다. 내 죽음이 네 죗값을 치렀다는 사실만 믿으면 내가 말한 대로 하지 않아도 너의 천국행에는 아무런 문제가 발생하지 않는다."

혹은 예수님이 산상수훈에 구원에 관한 이런 단서를 덧붙이신다고 상상해 보라. "나의 이런 말을 듣고 실천하는 모든 사람은 반석 위에 집을 짓는 지혜로운 사람과도 같다. 나의 이런 말을 듣고 실천하지 않는 모든 사람은 모래 위에 집을 짓는 어리석은 사람과도 같다.

하지만 혹시 너희가 오해할지 몰라 말하면, 내 죽음이 네 죗값을 치렀다는 사실만 믿으면 꼭 내가 하라는 대로 하지 않아도 천국에 가는 데는 지장이 없다."

예수님이 이런 생각이나 말씀을 하신다는 것은 있을 수 없는 일이다. 애초에 예수님이 우리를 순종의 삶으로 부르신 것은 우리에게 천국행 티켓을 주려고 하신 게 아니었다. 조지 맥도널드(George MacDonald)에 따르면, 그것은 "예수님께 순종하는 것이 내 존재의 정점에 오르는 것"이기 때문이다.[5] 순종은 내면에서부터 구원을 받은 삶에서 자연스레 우러나는 모습이다. 나아가 구원하는 믿음은, 은혜에 힘입어 지금 이 땅에서부터 그리스도와 상호작용하는 삶에 참여하도록 해 준다. 이렇게 시작된 삶은 죽음조차도 중단시킬 수 없다. 구원하는 믿음은 그리스도와의 연합을 알게 해 주는 믿음이다.

랜킨 윌본(Rankin Wilbourne)은 이런 글을 썼다. "그리스도와의 연합은 이해해야 할 개념이 아니라 믿음을 통해 살아 내야 할 새로운 현실이다."[6] 연합이야말로 그리스도와 함께하는 삶의 궁극적인 목표다. 그리고 물론 이 연합에는 예수님의 모든 것이 옳다는 믿음이 포함된다. 나아가 이 연합에는 그 믿음에 따라 예수님께 내 작은 삶을 온전히 맡기는 것 또한 포함된다.

그런데 사람들이 "구원에 대해 그리스도를 믿는다"라고 말할 때는 대개 그분이 우리를 사후에 좋은 곳으로 데려가기 위해 이루신 일을 믿는다는 뜻이다. 아이러니하게도 어떤 이들은 예수님이 이루신 일은 믿으면서 정작 예수님은 믿지 못한다. 다시 말해, 예수님이 돈

예수 보혈, 단지 천국 입장권이 아니다

과 성(性), 분노, 기도, 하나님에 관해 하신 모든 말씀을 믿지 못한다. 하지만 우리는 예수님이 이루신 일을 믿도록 부름받지 않았다. 조지 맥도널드에 따르면 "바울은 십자가를 '자랑했지만' 십자가를 '믿지는' 않았다. 그는 살아 계신 그리스도와 그분의 살아 계신 아버지를 믿었다."[7]

'예수님을 믿는' 것은 예수님의 모든 것이 옳다고 믿고, 그래서 무엇이든 그분이 말씀하시는 대로 하기로 작정하는 것을 의미한다. 단순히 좋은 곳에 가기 위한 수단이 아니라 그분의 모든 말씀을 온 우주에서 가장 지혜로운 분이 주시는 최고의 조언으로 믿고 순종하는 것이다. 사실 그분이 말씀하신 대로 베풀고 용서하고 지나칠 정도로 진실해야만 우리는 그분이 말씀하신 나라가 진짜이며 믿을 만하다는 사실을 발견하게 된다. 이것이 예수님이 직접 우리에게 권하신 '위대한 실험'이다. "사람이 하나님의 뜻을 행하려 하면 이 교훈이 하나님께로부터 왔는지 내가 스스로 말함인지 알리라"(요 7:17).

이제 구원에 관한 '최소 조건'을 따지는 것이 왜 그토록 잘못된 접근법인지 조금씩 이해하기 시작했으리라 믿는다. 이것은 최소한도로 믿거나 행하기만 해도 얼마든지 천국에 갈 수 있다는 개념이다 (예수님이 가르치시지 않은 개념). 우리가 예수님께 이렇게 말한다고 상상해 보라. "주님, 당신이 제 하늘 은행 계좌에 공로를 예치하셨다고 믿습니다. 그 공로는 제가 천국에 들어가는 데 쓰겠습니다. 그런데 매일의 삶에서 당신이 말씀하신 대로 행할 만큼 당신을 믿지는 못하겠습니다. 당신의 피는 지옥을 면하기 위해 사용하겠습니다. 하지만 제 삶의 통제권은 계속해서 제가 쥐고 있겠습니다." 이런 믿음은 예수님에 대한 모욕인 동시에 비상식적이다.

또 다른 예를 생각해 보자. 내가 항공사 마일리지 프로그램에서 우수 이용 회원이 되어 "우수 회원을 유지하기 위해 충족시켜야 할 최소한의 조건은 무엇입니까?"라고 묻는다고 해 보자. 이것은 아주 당연한 질문이다. 내가 원하는 혜택과 내가 어떤 사람이 되느냐는 전혀 상관이 없기 때문이다. 누구나 더 좋은 자리와 더 좋은 기내식, 리넨 냅킨, 레드 카펫을 원한다. 우수 회원은 객관적이고 법적인 자격이다. 항공사는 내가 최소 조건을 충족시키는지 확인하기 위해 계속해서 나의 자사 항공사 이용량을 추적한다.

하지만 내가 결혼식장에서 아내에게 이렇게 말한다고 생각해 보라. "궁금한 게 있어요. 내가 당신과의 결혼생활을 유지하기 위해 지켜야 할 '최소한도'는 뭔가요? 당신이 용인해 줄 수 있는 최저 수준의 헌신은 어디까지지요? 내가 가정을 등한시하는 것을 어느 정도까지 봐줄 수 있겠어요? 그러니까 내가 남편 지위를 유지하기 위해 충족시켜야 할 최소 조건은 뭐예요?" 이랬다가는 이 질문들이 끝나기도 전에 그 결혼식은 깨져 버릴 것이다.

하나님이 뜻하신 결혼은 '법적' 지위가 아니다. 결혼은 개인적이고 영적이며 관계적인 현실이다. 관계 자체가 결혼의 '혜택'이다. 모두가 결혼하기를 원하는 것이 아니다. 결혼은 정절, 다른 모든 성적 파트너를 포기하는 것, 서로에게 모든 것을 공개하는 것, 섬김, 헌신, 하다못해 리모컨 포기까지 요구한다.

47   예수 보혈, 단지 천국 입장권이 아니다

결혼 상태를 유지하기 위한 최소 조건이 있는가? 물론 있다. 그 한계를 지키지 못해 매일같이 수많은 가정이 파탄난다. 하지만 그런 최소 조건은 처음부터 다 알 수 있는 것이 아니며, 그것들을 지킬지는 마음에 달려 있다. 상대방을 진정으로 원하면 최소 조건은 저절로 지켜진다. 반면, 상대방을 전혀 원하지 않으면 최소 조건 따위를 지킬 리가 없다.

에베소서 5장 31-32절은 이렇게 말한다. "그러므로 사람이 부모를 떠나 그의 아내와 합하여 그 둘이 한 육체가 될지니 이 비밀이 크도다 나는 그리스도와 교회에 대하여 말하노라." 성경에서 기술한 구원은 항공 마일리지의 지위보다는 결혼에 더 가깝다. 우리에게 필요한 것은 미래의 구원이라는 혜택만이 아니다. 우리에게는 지금 여기서의 관계라는 혜택도 필요하다.

'구원의 확신'에 대한 오해

"우리의 세상 안에서 뭔가가 단단히 잘못되어 바로잡아 달라고 울부짖고 있다."[8] 어느 신학자의 표현인데, 오늘날 시인과 극작가, 소설가, 음악가들이 더 자주 사용한다.

굶주림과 가난은 도무지 사라지질 않는다. 영향력 높은 유명인사들이 여성을 공격한다. 지구 온난화는 점점 더 심해진다. 가정들이 깨지고 있다. 종교는 사람들을 분열시킨다. 정치는 더 이상 추할 수가 없다. 그런데 세상만 그런 것이 아니다. '내 안의' 뭔가도 단단히 잘못되어 있다. 나는 두려워하고 외로워하며 늙어 가고 교만하고 걱정에 시달린다. 이외에도 차마 입에 담지 못할 온갖 것이 내 안에서 꿈틀거리고 있다. 망가진 내 삶을 내 밖의 문제와 내 안의 문제 두 범주로 나눌 수 있다. 내 밖의 문제는 내 직업, 관계, 은행계좌, 사는 지역, 국가, 건강과 관련된 문제들이다. 내 안의 문제는 자아, 중독, 가라앉을 줄 모르는 정욕, 질투, 냉담, 기만 같은 것들이다.

G. K. 체스터튼은 이렇게 말했다. "인간이 많은 것을 믿어 왔지만 모든 인간이 공통적으로 믿어 온 것은 인류에게 뭔가 문제가 있다는 점이다."[9] 인류는 이 점에 대해서는 놀라울 정도로 의견 일치를 보인다. 우리 삶에서 뭔가 단단히 잘못되어 바로잡아 달라고 울부짖고 있다. 프로이트(Frued), 플라톤(Plato), 카를 마르크스(Carl Marx), 랠프 네이더(Ralph Nader), 마틴 루터 킹 주니어(Martin Luther King Jr.), 간디(Gandhi), 예수님은 모두 이 점에 동의한다.

구원받는 것에는 항상 '무언가로부터' 구원을 받는 것과 '무언가에로' 구원을 받는 것이 동시에 포함된다. 우리는 샬롬 곧 '하나님과 함께하는 풍성한 삶으로' 구원을 받는다. 그렇다면 우리는 '무엇으로부터' 구원을 받는가?

성경에서 제시한 구원은, 내 존재라는 거대한 혼란의 도가니에서 구조되는 것이다. 사실 인간의 문제 중에서 하나님이 구속하기를 원하시지 않는 문제는 없다. 하지만 성경 기자들이 그 무엇보다 우리

예수 보혈, 단지 천국 입장권이 아니다

의 가장 깊은 문제로 지적하는 것은 인간의 내적 혼란이다. 우리는 망가짐, 죽음, 죄책감, 분노, 지옥에서 구원을 받아야 한다. 우리는 구원받지 않은 사람의 모습에서 구원을 받아야 한다. 구태의연한 말처럼 들릴지 모르지만 우리는 악에서 구원을 받아야 한다.

요즘 세상에서는 '악'이라는 단어를 잘 사용하지 않는다. 악 하면 빅토리아 시대나 드라마, 미신, 만화영화 속 악당들이 떠오른다. 한 유명 언론인이 콜로라도주 애스펀(Aspen)에서 악에 관한 콘퍼런스를 연 적이 있다. 그 결과, 그 콘퍼런스 참가자들 대부분은 악이 실제로 존재하지 않는다는 결론을 내렸다.

2017년 가을, 네바다주 라스베이거스에서 미국 역사상 최악의 총기 난사 사건이 벌어졌다. 그때 우리 머릿속에는 '악' 외에 다른 단어가 떠오르지 않았다. 악은 나쁜 짓을 꾀하는 것이다. 이처럼 그 정의는 분명하지만 그 기원은 무엇이며, 악이 미치는 파급력은 실로 불가사의하다. 악을 선택하는 것은 하나님 나라에 반대하는 것이다. 하나님 나라의 표어는 '사랑'이며 사랑은 선을 꾀하는 것이다. 예수님이 가르쳐 주신 "나라가 임하시오며 뜻이 하늘에서 이루어진 것같이 땅에서도 이루어지이다"라는 기도에는 "악에서 구하시옵소서"도 포함되어 있다.

악이 정신 건강에 좋지 않은 것은 사실이지만 악은 심리적인 문제나 정신적인 문제와는 다르다. 악은 우리가 처할 수 있는 최악의 상황이다. 악은 단순히 '우리에게' 일어나는 일이 아니라 '우리 안에서' 일어나는 일이다. 나쁜 짓을 꾀하는 악이 인간의 마음속에 눌러앉으면, 성경에서는 그것을 "죄"라 부른다. 우리는 예수라는 이름에서 그분이 우리를 무엇에서 구하러 오셨는지 분명하게 확인할 수 있다. "그가 자기 백성을 그들의 죄에서 구원할 자이심이라"(마 1:21). 데일 브루너(Dale Bruner)는 우리가 이 표현에 너무 익숙해져서 그것이 얼마나 놀라운 의미를 담고 있는지 간과할 때가 많다고 지적한다. 이스라엘 백성은 죄의 '결과' 곧 로마의 점령에서 자신들을 구해 줄 메시아를 기대했다. [10]

마찬가지로 요즘에도 구원을 주로 죄의 '형벌'을 모면하는 것으로 보는 경향이 있다. 하지만 성경은 예수님이 우리를 '죄 자체'에서 구하기 위해 오셨다고 말한다. 죄로 인해 벌을 받는 것보다 죄에 빠지는 것이 훨씬 더 두려운 일이다. 윌리엄 포크너(William Faulkner)는 이렇게 말했다. "죄를 단순히 말 표현의 문제로 여기는 사람들에게는 구원도 단순히 말 표현의 문제일 뿐이다."[11]

다른 모든 일은 우리'에게'만 일어날 수 있다. 괴롭힘이나 질병, 모욕, 죽음이 다 그렇다. 이것들은 우리를 하나님의 사랑에서 떼어 놓을 수 없다. 예수님의 위대한 제자들은 모두 이것들을 비웃었다. 반면, 악에 빠지는 것은 인류가 처할 수 있는 궁극적인 비극이다. 그 어떤 비극도 이 비극의 발끝에도 미치지 못한다. 고통은 '우리에게' 일어나지만 악은 '우리 안에서' 일어난다. 악은 우리의 생각을 사로잡고 갈망을 왜곡시키며 뜻을 부패시키고 영혼을 파멸시킨다.

악은 보이는 족족 싸워서 물리쳐야 한다. 단, 이것은 그리스도인이 선인으로서 '악당들'과 싸우는 전쟁이 아니다. 이 전쟁은 라스베

예수 보혈, 단지 천국 입장권이 아니다

이거스나 워싱턴, 할리우드에서 벌어지는 전쟁이 아니다. 알렉산드르 솔제니친(Aleksandr Solzhenitsyn)은 이렇게 말했다. "어디에선가 은밀히 악을 저지르는 악인들만 있다면 그들을 격리시켜 제거하면 그만일 것이다. 하지만 선과 악을 가르는 잣대는 모든 인간의 마음을 관통한다."[12]

구원은 단순히 우리가 내린 잘못된 선택들의 결과에서 건짐받는 것이나 더 나은 상황으로 구조되는 것을 의미하지 않는다. 구원은 변화되는 것이다. 구원의 핵심은 좋은 곳으로 가는 것이 아니라 좋은 사람이 되는 것이다.

우리는 내면의 분노와 절망, 정욕, 탐욕, 교만, 자아에서 구원을 받아야 한다. 우리의 속사람이 변화되지 않으면 외적인 장소는 별로 중요하지 않다. 이런 내적 변화, 즉 죄에서 용서받는 것을 우리는 주로 "은혜로 구원받는" 것이라 부른다. 우리는 은혜와 용서를 같은 것으로 보는 경향이 있는데, 둘은 같지 않다. 은혜가 용서보다 훨씬 더 큰 개념이다. 하나님은 우리가 죄짓기 전에도 은혜로운 하나님이셨다. 마찬가지로 "은혜에서 …… 자라 가라"(벧후 3:18)라는 베드로의 명령은 '죄 용서에서 자라 가라'라는 뜻이 아니다. 달라스 윌라드는 은혜를 "우리 스스로 할 수 없는 것을 하나님이 우리 안에서 우리를 위해 해 주시는 것"이라고 설명했다. 우리는 은혜로 용서받을 뿐 아니라 은혜로 '살아야' 한다. 우리가 받는 모든 에너지와 생명은 은혜의 선물이다.

대부분이 '죄인들'에게만 은혜가 필요하다거나 혹은 가끔 죄를 지을 때만 은혜가 필요하다고 잘못 생각한다. 하지만 달라스 윌라드가 자주 말했듯이 "성도는 죄인들보다 더 많은 은혜를 소진시킨다. 성도는 제트기가 로켓 연료를 소진시키듯 은혜를 소진시킨다." 구원은 은혜로 '용서받을' 뿐 아니라 은혜로 '사는' 법을 배워 간다는 뜻이다. 그래서 내 안에서 용서되는 그 어떤 죄도 자랑할 수 없는 것처럼 내게서 나오는 그 어떤 선도 자랑할 수 없다. 둘 다 철저히 은혜의 선물이다. 닐 플랜팅가(Neal Plantinga)는 하나님의 은혜가 "단순히 빚을 청산하기 위해서만 아니라 열심, 샬롬을 향한 열정, 선한 노력, 삶의 모든 고통과 경이에 대한 순전한 감사가 폭발적으로 자라도록 만들기 위한" 것이라고 말했다.[13]

은혜가 용서보다 큰 개념이라면 '구원의 확신'은 단순히 예수님이 나를 곤란에서 구해 내고 다시 나쁜 곳에 떨어지지 않도록 만들기 위해 내 죄를 위해 돌아가셨다고 믿는 것이 아니다. 구원의 확신은 예수님(예수님의 모든 것이 옳음)을 믿고서 은혜를 힘입어 지금 이 땅에서부터 은혜를 통해 그리스도와 상호작용하는 삶에 참여하는 것이다.

> 보라 하나님은 나의 구원이시라 내가 신뢰하고
> 두려움이 없으리니 주 여호와는 나의 힘이시며
> 나의 노래시며 나의 구원이심이라 (사 12:22).

나의 확신은 '예수님이 나를 위해 이루신 일'이 아닌 '예수님'에게서 비롯한다. 나의 확신은 예수님의 인격, 그분의 권위, 그분의 약

예수 보혈, 단지 천국 입장권이 아니다

속, 그분의 뜻에서 나온다. 나의 확신은 예수님과 나누는 개인적인 관계에서 나온다. 그 관계 가운데 그분에 대한 믿음이 점점 더 자라 간다. 이것이 두려움으로부터 벗어나 구원의 확신에 이르는 길이다.

〈예수로 나의 구주 삼고〉(Blessed assurance, Jesus is mine)라는 은혜로운 옛 찬송이 있다. 이 찬송의 원제는 "나의 계약 조건 이행에 따른 복된 확신, 이제 나를 천국에 못 들어가게 할 수 없네"가 아니라 "복된 확신, 예수는 나의 것"이다. 우리는 예수님이 이루신 일이 아니라 예수님을 믿는다. 한 저자의 말처럼 "그리스도는 우리에게 천국행 티켓을 나눠 줌으로써 구원하시지 않는다. 그분은 그분 자신을 내줌으로써 구원하신다."[14]

'제자'를 만드는
복음

구원(우리가 무엇'에서' 무엇'에로' 구원을 받는가?)을 어떻게 이해하는지에 따라 세상에서 어떻게 살지가 완전히 달라진다. 구원은 악에서 구원을 받는 것이다. 구원을 '커트라인 통과'로 잘못 이해하면 하나님을 사랑하라는 대계명을 지키기 어렵다. '커트라인'이 하나님을 사랑이 없고 배타적인 분으로 보이게 만들기 때문이다. 하나님을 그렇게 보면 "왜 하나님은 더 많은 사람을 천국에 들이지 않는 것인가?"라는 의문을 품을 수밖에 없다.

구원을 '커트라인 통과'로 오해하면 대명령을 어길 수밖에 없다. 하나님은 '제자'를 삼으라는 대명령을 주셨다. 하지만 구원을 천국에 들어가는 것만으로 축소시키면 예수님의 제자가 되는 일은 불필요해진다. 구원을 그런 식으로 선포하면 수많은 사람이 굳이 변화될 필요성을 느끼지 못한 채 살아가는 비극이 발생한다.

구원을 잘못 해석하면 전도를 받고 교회에 온 사람들은 낚시 광고에 속았다는 기분을 느끼게 된다. 생각해 보라. 그들은 그리스도인이 되기 위해서 혹은 '구원'을 받기 위해서 아무것도 할 필요가 없다는 말을 듣고 교회에 찾아왔다. 그런데 막상 와 보니 교회에서 자꾸만 가난한 사람들에게 베풀고 아픈 사람들과 소외된 사람들, 노인을 돌보기 위해 시간과 돈, 재물을 아낌없이 주저 없이 내놓으라고 말한다. 일부 교회들에서는 용서에 대한 감사의 표시로 그렇게 해야 한다고 가르친다. 그런데 그런 가르침은 순종이 예수님의 제자로서 자연스러운 삶의 방식이 아니라 하나님을 위해서 뭔가를 하는 것이라는 치명적인 인식을 심어 줄 수 있다.

구원을 그릇되게 보면 '커트라인을 통과한 우리'와 '통과하지 못한 저들'이라는 그릇된 차별 의식이 생길 수밖에 없다. 그렇게 되면 밖에 있는 사람들이 안으로 들어오지 못한다. 아울러 안에 있는 사람들은 변하지 못한다. 예수님이 제시하신 구원은 단순한 커트라인 통과보다 더 크고 중요하다. 그 구원은 세상의 소망이다. 그 구원은 인간 삶의 회복이며, 인생의 의미와 가치에 대한 약속이다. 그 구원만이 과거를 죄책감 없이 직시하고 미래를 두려움 없이 직면하면서 평안

예수 보혈, 단지 천국 입장권이 아니다

하게 살 수 있는 확실한 근거가 될 수 있다.

우리가 예수님의 복음을 올바로 이해해야 하는 이유는 단순히 신학적으로 정확해야 하기 때문만이 아니다. 우리가 어떤 메시지를 선포하느냐에 따라 우리가 어떤 종류의 사람들을 만들어 낼지 결정되기 때문이다. 우리가 "쇼핑몰이 가까이 왔느니라"라고 선포하면 소비자들만 만들어 내게 되어 있다. 우리가 "텔레비전이 가까이 왔느니라"라고 선포하면 구경꾼들만 만들어 내게 되어 있다. 우리가 "혁명이 가까이 왔느니라"라고 선포하면 전사들만 만들어 내게 되어 있다. 교회가 "복음은 아무것도 하지 않고 천국에 가는 법이다"라고 선포하면 아무것도 하지 않는 사람들만 만들어 내게 되어 있다.

최근 '소비자 기독교'의 문제점에 관해 많은 책이 쏟아져 나왔다. 그러나 죽어서 천국에 가기 위해 예수의 공로를 소비하라고만 외치는 복음 선포 때문에 이런 기독교 소비자들이 양산되는데, 정작 그 문제를 지적하는 목소리는 좀처럼 들리지 않는다. 이것은 예수님이 전하신 복음이 아니다. 예수님의 복음은 제자들을 만들기 마련이다.

다음 장에서는 제자가 되는 것이 무슨 의미인지 살펴보자. 제자라는 말에 걱정부터 앞서는가? 걱정하지 말라. 복음이 괜히 복음이겠는가?

3 예수 복음,
인생이 영생이
되는 것이다

제자의 삶, 영생의 시작

너희는 가서 모든 민족을 제자로 삼아
아버지와 아들과 성령의 이름으로 세례를 베풀고
내가 너희에게 분부한 모든 것을 가르쳐 지키게 하라
볼지어다 내가 세상 끝날까지 너희와 항상 함께 있으리라.
- 마태복음 28장 19-20절

루이스 잠페리니(Louis Zamperini)는 서른두 살 때 '진정으로' 구원을 받았다. 그 과정은 파란만장했다. 껄렁하게 살던 소년 잠페리니는 자신이 바람처럼 달릴 수 있다는 사실을 깨닫고서 열심히 노력한 끝에 유명한 올림픽 출전 선수가 되었다. 그러나 제2차 세계대전이 터졌고 바다 한가운데 불시착한 그는 두 사람과 함께 뗏목 위에서 47일을 버텼다. 그는 피골이 상접한 해골처럼 변했고, 심지어 한번은 신천옹을 잡아 "눈알까지 모두" 먹어 버렸다. 그는 상어와 공습, 우울증을 모두 이기고 살아남았다. 그때 그는 하나님께 "만약 저를 구해 주시면 평생 주님을 섬기겠습니다"라는 기도를 드렸다. 47일 만에 그는 일본 군함에 구조되어 포로수용소에 갇혔다. 처참한 포로생활에 비하면 그 힘들었던 뗏목 생활은 유람선 여행처럼 편안하게 느껴질 정도였다. 얻어맞고 굴욕과 고문을 당할 때마다 그는 하나님께 구해 달라고 부르짖었다.

전쟁이 끝나자 그는 연합군에 구조되어 고향으로 돌아왔다. 그런데 오히려 거기서 최악의 고통이 그를 기다리고 있었다. 그것은 외부에서 가해지는 고통이 아니었다. 비행기 추락이나 목마름, 상어, 가학적인 수용소 감독관이 주는 고통이 아니었다. 그것은 바로 그 자신에게서 오는 고통이었다. 그는 극심한 두려움과 분노에 시달렸다. 혼란 가운데 그는 미친 듯이 술을 마시고 거짓말을 하고 돈을 잃고 분노를 표출하고 주변 사람들을 괴롭혔다. 심지어 아내의 목을 졸라 죽이려고까지 했다. 그는 모든 사람을 밀어냈고, 결국 자살을 떠올릴 지경까지 이르렀다.

그러던 어느 날 그는 아내 손에 억지로 이끌려 빌리 그레이엄(Billy Graham)의 부흥 집회에 갔다. 설교가 끝나고 잃은 양들을 앞으로 초대하는 시간이 있었다. 그는 나가고 싶지 않았다. 그냥 조용히 집회 장소를 빠져나갈 생각이었다. 그런데 문득 예전에 드렸던 기도가 기억났다. "만약 저를 구해 주시면 평생 주님을 섬기겠습니다." 그의 발이 자신도 모르게 그레이엄 목사 쪽으로 향했다. 그는 앞으로 걸어갔다. 그리고 구원을 받았다.

그날 집에 돌아온 그는 옛 삶을 상징하는 술병과 야한 잡지들을 쓰레기통에 집어던졌다. 그리고 육군항공대 복무 시절 받았던 성경책을 찾아냈다. "이제 그가 지난날을 회상할 때 가장 선명하게 보이는 것은 그가 겪었던 온갖 고난이 아니라 그를 구원한 하나님의 사랑이었다. …… 분노와 두려움, 굴욕감, 절망감은 다 사라지고 없었다. …… 그날 아침 그는 새사람이 되었다."[1]

그로부터 60년 뒤, 말년의 잠페리니는 내가 사역하던 교회에 간증을 하러 왔다. 2주 전 그의 다리가 부러져서 의사가 비행기를 타지 말라고 했기 때문에 그는 아들이 모는 차를 타고 여섯 시간을 달려왔다. 얼굴도 모르는 사람들에게 60년 전에 구원받은 이야기를 전하고

예수 복음, 인생이 영생이 되는 것이다

누구에게나 희망이 있다고 말하려 거동도 힘든 몸으로 그 먼 길을 달려온 것이다. 한 인생에게 이런 일이 일어났다. 그리고 다른 수많은 인생에게 이런 일이 일어났다. 당신에게도 일어날 수 있다.

제자로
부르셨다

역사학자들은 에이브러햄 링컨(Abraham Lincoln)이 그리스도인이 었는지 아니었는지를 놓고 오랫동안 논쟁을 벌여 왔다. 1865년 링컨이 세상을 떠난 뒤 사람들은 저마다 자신의 신앙을 링컨에게 투사했다. 이 주제에 관한 책에서 마이클 버키머(Michael Burkhimer)는 우리가 링컨의 신앙을 판단하기 전에 먼저 "그리스도인(Christian)이라는 것이 무엇을 의미하는가 하는 본질적인 질문"을 던져야 한다고 말한다. 또한 그는 대부분의 저자와 역사학자들이 세 가지 핵심적인 신념을 기준으로 사용한다는 점을 지적한다. 즉 그리스도인은 "예수님이 삼위일체의 한 위인 신이고, 그리스도가 세상의 죄를 위해 돌아가셨으며, 이 교리를 믿는 것이 구원을 얻기 위해 꼭 필요하다고" 믿는 사람이다. 버키머는 이것이 지나친 단순화이지만 "거의 모든 사람이 익숙해 있는 기초"라고 말한다.[2] 예수님이 말씀하신 대로 행함으로써 그분을 실제로 따르려는 마음(그분의 근본적인 부름)이 "거의 모든 사람이 익숙해 있는 기초"에서 빠져 있다는 사실이 실로 충격적이다.

코네티컷대학교의 사회학자 브레드 라이트(Brad Wright)는 사회과학에서는 대개 '그리스도인'을, 특정 교리를 믿거나 특정한 교단이나 교파에 속한 사람으로 정의한다고 말한다. 일부 사람들이 내리는 '그리스도인'에 대한 정의는 매우 독하다. 앤디 스탠리(Andy Stanley)에 따르면, 많은 사람이 '그리스도인'을 공룡은 믿지 않지만 자신들만 천국에 간다고 믿으며 자신들 외에 나머지 모든 사람이 지옥에 간다는 사실을 은근히 즐기는 도덕주의자요 동성애 공포증 환자이며 과학에 반대하는 비판적인 고집쟁이들로 정의한다.

그런데 정작 성경은 '그리스도인'이라는 단어를 정의하지 않는다. 성경은 그리스도인이 되라고 명령하지도 않고, 성경에는 그리스도인이 되어 가는 사람에 관한 기록 또한 없다. 심지어 예수님도 '그리스도인'이라는 단어를 사용하신 적이 없다. 예수님은 "자, 그리스도인이 되는 법을 알려 주마"라고 말씀하신 적이 없다. 예수님은 그리스도인이 어떤 사람인지를 설명하신 적이 없다. 심지어 예수님 자신이 그리스도인이 아니셨다. 예수님은 유대인이셨다.

'그리스도인'이라는 표현은 신약 전체에 고작 세 번밖에 나오지 않았으며, 그나마 그것은 예수님의 제자들이 유대교 내 한 종파로 취급되기에는 인종적으로 너무 다양해져 갔기 때문에 나온 표현이었다. 세계 종교학자 휴스턴 스미스(Houston Smith)는 "그리스도인"이라는 단어가 단순히 '메시아 사람들'이라는 뜻이었다고 말한다.[3] 예수님은 제자들에게 "온 세상에 가서 '그리스도인'을 삼아라"라고 말씀하시지 않았다. 예수님은 온 세상에 가서 제자를 삼으라고 말씀하셨다.

예수 복음, 인생이 영생이 되는 것이다

성경은 "제자"라는 표현을 269번 사용한다. 달라스 윌라드에 따르면 "신약은 제자들에 관한, 제자들에 의한, 제자들을 위한 책이다."[4] 그렇다면 제자는 그리스도인과 어떻게 다른가? 제자들은 우등생들로 이루어진 하위 범주인가? 제자도는 광폭 타이어처럼 하나의 옵션인가? 혹시 커트라인이 더 높은 것인가? 그러니까 제자들만 천국에 들어가고 소위 그리스도인들은 결국 문전박대를 당하는 것인가? 그리스도인들은 하나님이 입에서 뱉어 버릴 미지근한 자들을 말하는 것인가?

교회 안팎에서 많은 사람이 그리스도인을 '최소 자격'의 복음을 믿는 사람 즉 옳은 것들을 믿기 때문에 구원받은 자들, 죽어서 천국에 들어가는 자로 생각한다. 하지만 최소 자격의 복음을 디트리히 본회퍼(Dietrich Bonhoeffer)는 "값싼 은혜"로 부른다. 그의 설명을 들어 보자.

> [값싼 은혜]에 따르면, 그리스도인으로서 내 유일한 의무는 주일 아침에 한 시간 남짓 세상을 떠나 교회에 가서 내 모든 죄가 용서받았다는 확신을 얻는 것뿐이다. 더 이상 그리스도를 따르려고 애쓸 필요가 없다. 제자도의 가장 지독한 적인 값싼 은혜, 진정한 제자들이 가장 혐오하는 값싼 은혜가 나를 그 필요성에서 해방시켰기 때문이다.[5]

하지만 예수님은 "나에 관한 옳은 것들을 믿으면 네가 죽을 때 천국에 가게 해 주겠다"라고 말씀하신 적이 없다. 예수님의 복음은 그보다 훨씬 더 크고 넓고 값비싸고 매력적이다. 그분의 복음은 인생을 송두리째 변화시키고 한없이 겸허해지게 만든다. 예수님의 복음은 영생(하나님과 함께하는 삶, 하나님을 위한 삶, 하나님의 보호 아래 있는 삶, 하나님의 능력으로 사는 삶)이 지금 가능하다는 것이다. 이 삶을 원하면 예수님의 제자(학생, 도제, 따르는 자)가 되어야 한다. 간단히 말해 제자도는 예수님이 제시하시는 이 삶을 배우기 위한 수단이다. 진정한 기독교는 제자를 만든다.

나는 배타적인가,
포용적인가

예수님의 제자들은 두 가지 큰 계명을 지켜야 한다. 온 마음으로 하나님을 사랑하고, 주변 사람들을 자기 자신처럼 사랑해야 한다. 예수님은 우리가 이 계명을 지킬 때 우리가 제자임이 증명된다고 말씀하셨다.[6] 옳은 교리를 믿는다는 이유로 스스로를 '그리스도인'이라 부르는 사람들은 나와 너를 구별해서 '남'을 잘 받아들이지 못하는 배타적이고 비판적인 무리로 변하기 쉽다.

하지만 예수님의 가장 놀라운 특징 하나는 바로 '밖'에 있는 사람들을 대하시는 모습이다. 예일대학교 신학자 미로슬라브 볼프에 따르면, 예수님과 당시 종교 지도자들의 큰 차이점 하나는 그들은 도덕적 혹은 종교적으로 '다른 사람들'을 배척하는 것을 미덕으로 여긴 반면 예수님은 그런 배타성을 죄로 여기셨다는 것이다. 예수님은 남들이 피하는 사람들을 환대하셨다. 그분의 제자들도 조금씩 이 본을 따르기 시작했다.

자, 그렇다면 예수님의 제자를 어떻게 정의해야 할까? 이런 식으로 생각하면 도움이 될 것 같다. 나의 옛 스승 폴 히버트(Paul Hebert)는 어떤 대상이 안이나 밖에 있는지 판단하기 위한 두 가지 다른 접근법을 규명했다.[7]

한 가지 접근법은 '유계집합'(bounded set)이다. 유계집합에서는 경계를 명확히 정해서 대상이 안에 있는지 밖에 있는지를 판단한다. 예를 들어, 세 면과 세 꼭짓점을 가진 기하학적 모양이라는 최소 조건을 만족시켜야 삼각형이라고 판단한다. 유계집합에서는 뭔가가 집합에 속하는지 속하지 않는지가 무 자르듯이 '명확히' 구분된다. 또한 유계집합의 구성은 정적이다. 원은 삼각형이 될 수 없고, 삼각형은 원이 될 수 없다. 또한 원은 삼각형으로 변해 가지 않고, 삼각형은 원으로 변해 가지 않는다. 각 대상은 집합의 기준을 만족시키거나 만족시키지 못하거나 둘 중 하나만 할 수 있다.

또 다른 종류의 집합은 '중심집합'(centered set)이다. 이 집합에서는 중심을 향하는지에 따라 대상을 정의한다. 이 집합의 구성은 정적이지 않고 역동적이다. 중요한 것은 운동이다. '대머리' 집합을 예로 들어 보자. 이 집합의 중심은 머리카락 한 올 없는 완전한 대머리다. 이 집단에서 완전히 '밖'에 있는 사람은 머리카락이 수북한 앨버트 아인슈타인(Albert Einstein)이다. 그런데 아기는 머리카락이 없이 태어나기 때문이 이 집합에 속할 것 같지만 머리가 점점 자랄 테니 이 집합에서 벗어난다. 반면에 스무 살 청년은 머리숱이 많을 수 있지만 나이를 먹을수록 머리카락이 빠질 테니 이 집합으로 들어가고 있다. 이 집합에 들어가기 위해 필요한 최소한의 머리카락 개수는 몇 개일까? 우리 머리카락을 모두 세신 하나님만이 정확히 아실 것이다. 그렇다고 해서 중심집합이 주관적이거나 모호한 것은 아니다. 단지 경계가 아닌 중심과의 관계에 따라 구성이 정해질 뿐이다.

기독교를 유계집합으로 생각하면 경계를 중시한다. 소속을 위한 필요충분조건을 만족시켜야 한다. 여론조사에서 선호하는 종교로 '기독교'에 표시를 했거나 죄인의 기도를 드렸거나 예수님을 신이라고 믿는다고 고백했는지 같은 것들이 그 조건이 된다. 어떤 조건을 내세우든 이 집합의 구성은 정적이다. 모든 사람은 이 집합에 속하든지 속하지 않든지 둘 중 하나이며, 중간은 없다. 그리고 그 판단은 교회나 다른 그리스도인들 같은 외부 권위자들이 정한 최소 조건에 따라 이루어진다.

하지만 신약은 유계집합보다는 중심집합에 가까운 제자들의 공동체를 보여 준다. 중심은 예수님이시다. 예수님은 하나님 나라의 삶을 정의하고 실제로 보여 주셨고, 그 나라의 삶을 만인에게 활짝 여셨다. 이 삶은 온 존재를 다해 하나님을 사랑하고 이웃을 내 몸처럼 사랑하는 삶이다. 당시 종교 지도자들은 자신이 안에 있다는 점을 증명하기 위해 애를 썼다. 그들은 성경을 훤히 알았고, 안식일 준수와 할례, 음식물 금기법 같은 것에 특별한 관심을 기울였다. 하지만 그들은 예수님께 오지 않았고, 그분의 아가페 사랑에 동참하기를 거부했다.

예수 복음, 인생이 영생이 되는 것이다

예수님은 그들이 사실상 하나님 나라 '밖'에 있다고 말씀하셨다.

누가복음 9장에 나오는 죄 많은 여인이나 세리 삭개오 같은 사람들은 하나님 백성의 집합에서 벗어나도 한참 벗어나 있는 사람들로 보인다. 하지만 그들이 예수님을 향한 전진을 시작했을 때 예수님은 "그의 많은 죄가 사하여졌도다"(눅 7:47), "오늘 구원이 이 집에 이르렀으니"(눅 19:9)라고 말씀하셨다.

예수님은 이런 행동들 때문에 자주 곤란에 처하셨다. 즉 그분은 스스로 안에 있다고 확신한 사람들에게 밖에 있으니 조심하라고 경고하시고, 모두가 밖에 있다며 손가락질하는 자들을 마치 안에 있는 사람들처럼 대하곤 하셨다. 사마리아인과 나병 환자, 백부장, 가나안 여인, 이혼녀 같은 사람들이 예수님께 안에 있는 사람처럼 대접을 받았다. 성경 기자들도 이런 뒤집기를 즐긴다. 여호수아 기자는 라합을 "라합이라 하는 기생"이라고 기록했다(수 2:1 참조). 히브리서 기자도 그녀를 영웅으로 치켜세우며 "기생 라합"이라고 부른다(히 11:31 참조). 야고보도 그녀를 선행의 본보기로 제시하면서 "기생 라합"이라고 부른다(약 2:25 참조).

도대체 왜? 다른 좋은 표현도 많은데 왜 하필? 빨강머리 라합이나 왼손잡이 라합, 채식주의자 라합이라고 하면 얼마나 좋은가? 분명 라합은 기존의 경계 안에 들지 '않는' 인물이었다. 하지만 분명 그녀는 하나님의 역사에 동참하고 있었다. 기독교가 유계집합이라면 안에 들어가기 위한 필요충분조건을 분명히 알아야 한다. 그리고 밖에 있는 사람들이 경계를 넘어 안으로 들어오게 만드는 것이 우리의 목표다. 그렇게 해서 그들이 일단 안으로 들어오면 성장은 그저 선택사항일 뿐이다. 이처럼 기독교가 경계에 초점을 두는 유계집합이라면 예수님이 가장 관심을 가지시는 이슈들이 아니라 안에 있는 사람과 밖에 있는 사람을 구분 짓는 이슈들에만 집중하게 된다.

예를 들어, 예수님이 성적 성향이 가난이라는 문제보다 더 중요하다고 말씀하셨기 때문이 아니라, 그 문제에 관한 경계가 더 명확하기 때문에 가난한 사람들을 돕는 것보다 그 문제에 더 관심을 쏟는 결과를 낳았다. 현대 서구 문화는 대체로 가난한 사람들에 대한 관심을 중요시하지만 성도덕의 문제에서는 교회와 생각이 다를 때가 많다. 기독교가 유계집합이 되면 예수님이 가장 중시하신 문제들보다 밖에 있는 세상과의 태도 및 행동 차이에 더 신경을 쓰게 된다.

하지만 예수님을 따르는 것을 중심으로 삼으면 하나님과 그분의 뜻, 그분의 사랑 쪽을 바라보고 그 쪽으로 점점 나아간다. 그리고 남들도 그 쪽으로 나아가도록 권유하고 돕는다. 중요한 것은 우리 삶의 방향과 자세다. 예수님을 따르는 것을 중심으로 삼으면 누가 우리 집합 안에 있고 누가 우리 집합 밖에 있는지를 알아내려고 애를 쓰지 않는다. 하나님이 다 아신다는 사실만으로 충분하게 여긴다. 하나님이 우리가 가장 사랑하는 사람들을 포함해서 각 사람에게 옳은 일을 행하실 줄 믿고 맡기게 된다.

이래서 예수님을 중심으로 삼는 접근법이 그토록 유익한 것이다. 우리는 예수님을 따르는 것이 정적인 종교적 정체성이 아니라 역동적인 소명이라는 사실을 늘 기억해야 한다. 그럴 때 우리는 늘 활

예수 복음, 인생이 영생이 되는 것이다

력과 도전정신으로 넘칠 수 있다. 세계 최고 첼리스트 파블로 카잘스 (Pablo Casals)는 80대 나이에도 여전히 매일 몇 시간씩 연습을 한다. 어느 날 왜 그토록 연습을 하는지 이유가 궁금해 물었더니 카잘스는 이렇게 대답했다. "그럴수록 점점 더 나아진다고 생각하기 때문입니다."

바울은 이렇게 썼다. "내가 이미 얻었다 함도 아니요 온전히 이루었다 함도 아니라 …… 오직 한 일 즉 뒤에 있는 것은 잊어버리고 앞에 있는 것을 잡으려고 푯대를 향하여 그리스도 예수 안에서 하나님이 위에서 부르신 부름의 상을 위하여 달려가노라"(빌 3:12-14).

"바울, 당신은 이미 '안'에 있는데 왜 계속해서 달려가요?"

"그럴수록 점점 더 나아진다고 생각하기 때문입니다."

같은 서간문에서 바울은 또 이렇게 썼다. "항상 복종하여 두렵고 떨림으로 너희 구원을 이루라 너희 안에서 행하시는 이는 하나님이시니 자기의 기쁘신 뜻을 위하여 너희에게 소원을 두고 행하게 하시나니"(빌 2:12-13). 성경의 구원은 단순히 최소 조건을 충족시키는 것 이상이다. 아니, '훨씬 더' 이상이다. 성경의 구원은 은혜를 힘입어 우리의 생각과 바람, 뜻, 행동이 끝없이 구속되는 것이다.

구원은 정적이지 않고 역동적이다. 그래서 C. S. 루이스는 이렇게 말했다. "세상은 백 퍼센트 그리스도인들과 백 퍼센트 비그리스도인들로 이루어져 있지 않다. 천천히 그리스도인이기를 그만두고 있지만 여전히 자신을 그 이름으로 부르는 사람들이 있다(아주 많다). 그들 중에는 성직자들도 있다. 반면, 아직 스스로를 그리스도인이라 부르지는 않지만 천천히 그리스도인이 되어 가는 사람들도 있다. ……

고양이와 개를 비교하는 것이 더 쉽다. …… 왜냐하면 누가 고양이이고 누가 개인지 분명히 알 수 있기 때문이다. 또한 동물은 (천천히든 갑자기든) 개에서 고양이로 변하지 않는다."[8]

하지만 인간은 늘 아름다운 뭔가 혹은 악한 뭔가로 '변해 가는' 중이다. 물론 하나님이 원하시는 방향은 더없이 분명하다. 하나님은 예수님을 따르라고 말씀하신다. 그리고 누구든지 예수님을 따르면 받아 주시고 의롭게 하시며 성령으로 인을 쳐 주신다고 약속하신다.

단, '제자도'를 정의할 때는 중심집합 접근법이 유용하지만 영적 삶을 포함한 우리 삶에는 경계가 반드시 필요하다. 신학교는 학생들에게 교리적 경계들을 정의해 주어야 한다. 부모는 자녀에게 어떤 행동이 그릇된 것인지 말해 줄 수 있어야 한다. 교회도 교인들에게 그렇게 할 수 있어야 한다. 바울도 고린도 교인들에게 성적 부도덕에 관해 경고했다(고전 5장 참조). 성경에서 가장 유명한 경고는 마태복음 23장에 나오는 종교적 위선에 관한 예수님의 경고일 것이다("화 있을진저, 외식하는 서기관들과 바리새인들이여").

예수님이 사랑의 명령을 어기는 것에 관해 분명하게 경고하실 수 있었던 것은 중심("온 마음으로 하나님을 사랑하라"와 "네 이웃을 네 몸처럼 사랑하라")을 더없이 분명하게 정의하셨기 때문이다. 그분의 경고에 부드럽거나 모호한 구석은 하나도 없다. 오히려 그분의 경고는 그 경고를 받은 사람들이 그분을 죽일 마음을 먹을 정도로 강력했다. 단, 그분의 경고는 당시 중요한 '경계 지표들'인 할례나 음식 금기법, 안식일 준수와 상관이 없었다. 예수님이 경고하신 사람들은 스스로 경계 안

예수 복음, 인생이 영생이 되는 것이다

에 있다고 자랑하지만 사실은 하나님 나라에서 영적으로 한없이 동떨어진 사람들이었다. "맹인 된 인도자여 하루살이는 걸러 내고 낙타는 삼키는도다"(마 23:24).

'그리스도인'을 천국 입장을 위한 최소 조건을 충족시킨 사람으로 정의하면, 언제나 '기준을 어느 정도로 할지'에 관한 논쟁이 벌어지게 마련이다. 어떤 이들은 천국의 문턱을 너무 높여 완벽히 순종하는 소수의 제자들만 천국에 들어간다고 말한다. 이런 사람은 보는 시각에 따라 철저한 헌신의 옹호자로 불리거나 배타주의자나 율법주의자로 불린다. 또 다른 이들은 천국의 문턱을 낮게 잡는다. 그들은 보는 시각에 따라 은혜의 옹호자로 불리거나 죄나 교리에 느슨한 자들로 불린다.

예수님은 포용과 사랑에 관해서는 한없이 은혜로우시다. 반면, 죄와 심판에 관한 경고에서는 한없이 엄하시다. 예수님은 죽어서 천국에 가기 위해 믿거나 행해야 하는 최소한도에 관해 말씀하신 적이 없다. 예수님이 정하신 제자의 기준은 독단적인 기준이 아니다. 그런 의미에서 그 기준은 낮지도 높지도 않다. 절주 기준이나 위대한 첼리스트의 기준이나 훌륭한 부모의 기준은 모두 현실을 바탕으로 정해진다. 그렇게 되기를 진정으로 바라는 사람은 그렇게 되기 위해 뭐든지 한다. 하나님 나라에서 제자로 살기를 진정으로 바라는 사람들도 마찬가지다. 그들은 예수님을 철저히 따른다. 그들의 삶은 예수님을 중심으로 이루어진다. 이것이 누가 하나님 나라 안에 있고 누가 밖에 있는가 하는 문제에서 예수님과 성경은 늘 경계가 아닌 중심에 초점을 맞추는 이유다.

호주에는 가축을 목장 안에 붙잡아 두는 두 가지 전통 방식이 있다. 하나는 울타리를 두르는 것이고, 다른 하나는 우물을 파는 것이다. 교회가 철저히 예수님을 중심으로 삼는다면, 점점 더 분열되고 정치화되어 가는 세상이 볼 때 우리 교회들이 얼마나 시원한 우물과도 같겠는가. 사람들이 들어오지 못하게 막는 울타리는 없고 예수의 생수만 가득한 교회. 그런 교회라면 사람들이 끊임없이 몰려들 것이다.

핵심부로
들어오라

예수님은 제자가 무엇인지 더없이 분명하게 말씀하셨다. "아무든지 나를 따라오려거든 자기를 부인하고 날마다 제 십자가를 지고 나를 따를 것이니라"(눅 9:23).

이번에는 달라스 윌라드의 정의를 들어 보자. "제자는 내가 예수님이라면 어떻게 살까 고민해서 그 삶을 궁극적인 목표로 삼은 사람이다."

"도제"(apprentice)라는 단어가 이것을 이해하는 데 도움이 될 것이다. 도제는 기술의 대가와 함께 일하면서 그에게서 대가가 되는 법을 배우기로 결심한 사람이다. 신약에서 제자라는 단어는 원래 기술을 배우는 도제의 의미로 자주 사용하는 단어였다. 그것은 특별히 교회

예수 복음, 인생이 영생이 되는 것이다

에서 영적 엘리트들에 대해서만 쓰는 단어가 아니다. 누구나 도제가 될 수 있다. 도제에게 중요한 것은 도제 자신의 기술이 아니라 스승의 힘이다.

사이먼 사이넥(Simon Sinek)은 한 테드 토크(TED talk)에서 "황금원"이라는 개념을 설명했다.[9] 어떤 회사나 운동이든 세 개의 동심원을 갖고 있다. 가장 바깥쪽 원은 '무엇'이다. 즉 무엇을 만들거나 할지가 바깥쪽에 위치한다. 그 안의 작은 원은 '어떻게'다. 즉 그것을 어떻게 만들거나 할지가 안쪽에 위치한다.

대개는 조직의 모든 구성원이 '무엇'을 안다. 그리고 대부분의 사람이 '어떻게'를 안다. 하지만 가장 안쪽의 세 번째 원 곧 황금원에 있는 것을 아는 사람은 극소수다. 이 원에는 '왜'가 담겨 있다. 교회의 '무엇'은 제자 혹은 도제를 만들어 내는 것이다. '어떻게'는 예수님과 함께하면서 그분에게서 그분처럼 사는 법을 배우는 것이다. 영적 훈련, 고난 같은 경험, 성령의 인도하심을 통해 그렇게 할 수 있다. 그렇다면 '왜'는 무엇일까? 달라스 윌라드는 '왜'를 이렇게 정의했다. "인간의 삶에서 예수님의 도제 훈련으로 풀 수 없는 문제는 없다."

인간 세상에는 어떤 문제들이 있는가? 탐욕, 두려움, 인종차별, 불의, 이혼, 성폭력, 무시, 오염, 고통, 중독, 거부, 원한, 폭력, 냉담, 슬픔, 전쟁, 죽음. 인간의 문제들은 인간의 수단과 본성으로 해결할 수 없다. 오히려 인간의 본성이 우리의 가장 큰 문제다. 세상에는 기술이 해결할 수 없는 문제가 많다. 세상에는 교육이 해결할 수 없는 문제가 많다. 세상에는 돈이 해결할 수 없는 문제가 많다. 세상에는 종교가 해결할 수 없는 문제가 많다. 하지만 예수님의 도제 훈련으로 풀수 없는 문제는 없다. 우리 죄의 용서와 사후에 하나님과 영원히 함께 하는 삶의 문제도 해결될 뿐 아니라 지금 여기서부터 우리 존재의 모든 면이 회복되기 시작한다.

예수님의 복음은 예수님의 도제로서의 삶을 온전히 보여 주는 복음이다. 은혜로, 또 믿음으로써, 다가올 세상에서만이 아니라 이 세상에서도 그 삶을 누릴 수 있다. 예수님의 복음은 태초 이래 인간이 받은 가장 위대한 초대다.

그래서 디트리히 본회퍼는 "은혜와 제자도는 서로 뗄 수 없다"라고 말했다(하지만 오늘날 우리는 이 둘을 떼어 내려고 하고 있다). "제자도는 [어려운 것이 아니라-옮긴이] 단순히 은혜에서 비롯하는 삶이고, 따라서 은혜가 곧 제자도라는 사실을 아는 자들은 행복하다."[10]

이제 예수님이 생각하신 제자도란 무엇인지를 살펴볼 시간이다.

예수 복음, 인생이 영생이 되는 것이다

PART 2.

일상이

영생과

만날 때

ETERNITY

IS NOW IN SESSION

지금 여기서
구원을 살다

막간.　　　인생,
　　　　　　하나님을 향한
　　　　　　영혼의 여행

인간의 이야기는 오직 두세 개뿐이다.
이 두세 개의 이야기들이
전에는 한 번도 일어나지 않았던 것처럼
끊임없이 맹렬하게 반복된다.
– 윌라 캐더(Willa Cather)

월라 캐더가 언급한 "끊임없이 맹렬하게 반복되는" 이야기들 중 하나는 여행 이야기다. 《오디세이》(Odyssey)나 《천로역정》(The Pilgrim's Progress), 《신곡》(The Divine Comedy), 《오즈의 마법사》(The Wizard of Oz), 《반지의 제왕》(The Lord of the Rings)을 보면 하나같이 평범한 주인공이 고향을 떠나 미지의 세상으로 들어간다. 그곳에서 주인공은 온갖 위험과 고생, 함정을 만나며, 심지어 죽었다가 다시 살아나기도 한다. 숱한 우여곡절 끝에 주인공은 결국 구조되어 마침내 집으로 돌아온다. 수없이 반복되는 이 구성은 절대 사라지지 않는다. 이것이 우리 인생이기 때문이다.

우리의 영혼은 하나님께로 가는 여정에 있다. 성경은 이런 여정에 관한 책이다. 아브라함은 고향을 떠나 하나님이 보여 주실 땅으로 갔다. 요셉은 타의로 머나먼 애굽으로 갔고, 수백 년 뒤 모세는 애굽에서 고향으로 돌아왔다. 이스라엘 백성은 포로로 잡혀가는 낯설고 슬픈 여정에 올랐다. 이 모든 이야기의 중심에는 이 모든 주인공이 가리키는 진짜 주인공의 위대한 여행이 있다. 바로, 예수님의 여행이다. 하늘에서 이 땅으로 여행하신 예수님, 예루살렘을 향하신 예수님,

십자가와 지옥으로 걸어가신 예수님, 다시 생명으로 돌아오시고 하늘로 돌아가신 예수님. 그리고 그분은 누구나 원하면 가질 수 있는 구원을 선물로 남기셨다.

구원은 하나님께로 가는 여행이다. 구원에 관한 생각에서 한 걸음 더 나아가 구원을 실제 삶으로 살아 내야 한다. 바울은 이렇게 말했다. "두렵고 떨림으로 너희 구원을 이루라 너희 안에서 행하시는 이는 하나님이시니 자기의 기쁘신 뜻을 위하여 너희에게 소원을 두고 행하게 하시나니"(빌 2:12-13). 구원을 '얻기' 위해 노력하는 것이 아니라 구원을 '이루기' 위해 노력해야 한다.

구원이 그저 옳은 교리를 받아들여 내세에 영원히 살 권리를 얻는 것이라고 생각하면 그 구원은 고인 물처럼 정적인 것으로 변질된다. 그런 구원은 교회 안팎의 사람들에게 깊은 좌절감만 안겨 줄 뿐이다. 말로는 놀라운 영적 현실을 이야기하면서 정작 그 현실을 실제로 누리지는 못하니 얼마나 답답한가. 많은 신자들이 그저 아이쇼핑만 한다.

《천로역정》에서 주인공 '크리스천'의 여행은 좁은 문에서 시작된다. 파멸의 땅에서 시온산으로 도망치는 중인 크리스천이 좁은 문 앞에서 말한다. "무거운 짐을 진 불쌍한 죄인입니다." 예수님은 모든 제자를 그 좁은 문으로 부르신다. 달라스 윌라드는 말했다. "좁은 문은 흔히 생각하는 것처럼 옳은 교리를 말하지 않는다. 좁은 문은 순종, 그리고 그 순종에 필요한 예수님에 대한 확신이다. …… 반면, 넓은 문은 뭐든 자기가 원하는 대로 하는 것이다."¹

가끔 《천로역정》(원서명을 직역하면 "순례자의 전진"이다-편집자)이 오늘날 쓰였다면 《순례자의 휴식》이 되지 않을까 하는 생각을 해 본다. 구원이 옳은 교리에 따라 용서를 받는 것이라고만 생각하면 실제로 예수님을 따르는 위험천만하고 혼란스러우면서도 흥미진진한 여행은 단순히 선택사항이 될 뿐이다. 하나님을 향한 영혼의 여행은 예수님을 따르려는 의도에서 시작되고, 매 순간 그분께 순종하겠다는 '결심'으로 구체화된다. 일단 결심이 서면 다른 길들에 한눈을 팔지 않는다. 그만큼 결심이 중요하다.

우리는 "우리 안에 활동하셔서, 우리로 하여금 …… 염원하게 하시고 실천하게"(빌 2:13 참조, 새번역) 하시는 분을 통해서만 예수님께 순종할 수 있다. 이것을 알고서 모든 일에서 그분께 순종할 생각으로 좁은 문을 향한 여행을 시작해야 한다. 예수님의 가장 중요한 부름은 "의롭다 함을 얻기 위해 복음을 믿으라"가 아니라 "나를 따르라"이다. 모든 일에서 예수님께 순종하는 것도 여행을 하는 것이다. 순종은 이 시대 사람들이 생각하는 것보다 훨씬 더 창의적이고, 주도적이고, 지적이며, 철저히 은혜의 힘으로 하는 것이다.

때로 우리는 이런 식으로 복음을 표현한다. "나쁜 소식은, 당신이 생각보다 더 심한 죄인이라는 것이다. 좋은 소식은, 당신이 생각보다 더 큰 사랑을 받고 있다는 것이다." 알코올 의존자가 이런 '복음'을 받았다고 해 보자. 이것이 분명 좋은 소식이지만 그것만으로는 충분하지 않다. 알코올 의존자는 분명 사랑이 필요하지만 알코올 중독에서 구원받는 것도 더없이 절실하다. 알코올 의존자들을 위한 12단계 프로그램에서 항상 강조하는 것은 행동이다. 이 단계들을 개략적으

막간

로 소개하는 첫 장(chapter)의 제목 자체가 "행동으로"다. 그 장은 이렇게 마무리된다. "하지만 이것이 다가 아니다. 행동, 더 많은 행동이 필요하다. '행위 없는 믿음은 죽은 것이다.'"[2]

우리는 행동해야 한다. 인간으로 산다는 것 자체가 행동하는 것이다. 우리는 끊임없이 생각하고 보고 선택하고 느낀다. 이런 일상적이고 평범한 행동들 속에서 구원이 이루어진다. 마르틴 루터(Martin Luther)는 이 점을 역동적으로 표현했다. "아, 믿음은 살아서 바삐 움직이는 강력한 것이다. 따라서 믿음이 선한 일을 잠시라도 멈추기란 불가능하다. 또한 믿음은 선한 일을 해야 하느냐고 묻지 않는다. 믿음은 누가 요청하기도 전에 이미 선한 일을 하고, 그러고 나서도 계속해서 그것을 행한다. 선한 일을 행하지 않는 사람은 믿음이 없는 사람이다."[3]

그렇지 않아도 피곤한 삶에 신앙생활을 위해 해야 할 일 목록을 더하려 하지 말고 늘 하는 행동부터 하나씩 변화시켜 보자. 그렇게 하면 할수록 피곤해지는 것이 아니라 오히려 더 힘이 솟는다. 할수록 에너지가 고갈되는 것이 아니라 오히려 더 충만해진다. 우리에게는 따라야 할 경로가 이미 제시돼 있다. 경로나 방향 없는 여행은 여행이 아니라 방황일 뿐이다.

이 책의 나머지 내용은 영혼의 여행을 함께 추구하는 행동의 시간이다. 수 세기 동안 이 여정을 기술하기 위해 강구한 최상의 방법은 여정을 특정한 몇몇 단계로 나누는 것이었다. 이 책에서도 그렇게 하고자 한다. 다만, 이 단계들은 일방통행이 아니어서 도중에 얼마든지 이전 단계로 돌아갈 수 있다. 이 단계들은 하나님이 우리 삶에서 역사하는 방식을 보여 주는 동력들이다.

▶ **깨어남** 평범한 일상 속에서 하나님의 특별한 임재를
의식하게 된다. 감사와 경외, 책임을 느끼게 된다. 하나님을
인식하면 린다 스톤(Linda Stone)이 말하는 "부분적 관심을
지속하는"(Continuous Partial Attention) 삶, 즉 어느 것에도 온전히
집중하지 못하는 삶에서 깨어난다.[4] 이렇게 깨어나면서
여행이 시작된다.

▶ **정화** 내 삶과 하나님이 가까이에 두신 사람들을 내가 어떻게
대하는지 정확히 보기 시작한다. 그 결과, 내 인격적 결함을
고백하고 하나님께 회복시켜 달라고 기도한다. 그것들에서
벗어나기 위한 활동에 참여한다. 시간이 지날수록 그
문제점들을 점점 더 분명하게 볼 수 있다.

▶ **깨달음** 무의식적인 사고와 믿음의 수준이 변한다. 상황에
대한 나의 '심상 지도'(mental map)가 예수님의 심상 지도를
닮아 간다. 그분의 손안에서 평안과 기쁨을 누리고 안심하며
살아간다.

▶ **연합** 예수님이 다음 구절에서 말씀하신 삶을 경험하기
시작한다. "내 안에 거하라 나도 너희 안에 거하리라"(요 15:4).

그분의 임재가 단순한 개념이 아닌 현실이 된다.[5]

영적 여정의 단계들에 관해 몇 가지 오해가 생길 수 있다. 예를 들어, 유아기나 청소년기처럼 한 번 지나면 완성되는 구체적인 단계들을 떠올리기 쉽다. 하지만 영적 삶은 그렇게 이루어지지 않는다. 영적 삶은 몇 번이나 감옥으로 돌아가서 다시 시작해야 하는 모노폴리 게임과도 같다. 한 가지 죄에서 꽤 깨끗해졌다 해도 여전히 다른 죄에 허덕일 수 있다. 토머스 머튼(Thomas Merton)은 우리가 영적 삶에 관해서는 항상 초심자라고 말했다.[6] 신약학자 데일 브루너(Dale Bruner)는 좀 더 시각적인 표현을 썼다. "나는 사실 다시 태어나지 않았다. 나는 잉태된 지 3개월 정도 되었다."[7]

나아가 언제라도 후퇴할 수 있다. 영적 영역에서는 스스로 꽤 성취했다고 생각하는 순간만큼 교만에 빠지기 쉬운 순간도 없다. 그런 의미에서 옛 아일랜드 격언이 참으로 와닿는다. "우리가 높이 오를수록 악마도 높이 오른다."[8]

또한 영적 삶을 단계들의 집합으로 보면 우리가 매일같이 하나님을 절실히 필요로 한다는 사실을 망각하기 쉽다. 알코올 의존자 모임(Alcoholics Anonymous)의 원칙 중에 죽을 때까지 방심하지 말라는 조항이 있다. 우리가 항복과 은혜를 통해 얻을 수 있는 것은 '매일의 집행유예'일 뿐이다. 성경 속 탕자의 형은 스스로 선하고 순종적인 아들이라고 생각했지만 사실은 아버지에게 동생보다도 더 잃어버린 아들이었다. 우리는 발전을 멈추지 말아야 한다. 성 프란체스코(St. Francis)는 말년에 친구들에게 이렇게 말했다고 한다. "지금까지 우리가 아무것도 하지 않았으니 이제부터 시작하세."[9]

영적 삶의 목표는 단계들을 '통과하는' 것이 아니다. 하나님을 향해 가는 여행이 계속되도록 매 순간 작은 발걸음을 계속해서 내딛는 것이 중요하다. 아침마다 나는 하나님의 임재와 내 삶의 의미를 깨닫게 해 달라고 기도한다. 매일 나는 이 길을 계속 가기 위해 버려야 할 짐이 더 있음을 깨닫는다. 지독히 외로운 순간에 비로소 내가 결코 혼자가 아님을 알게 된다. 혼란스러운 순간마다 하나님이 가야 할 길을 밝혀 주실 것이다.

지난 몇 장에 걸쳐 우리는 이 여행이 왜 필요한지를 살펴보았다. 이제 다시 몇 장에 걸쳐 예수님이 처음 이 여행을 떠난 사람들을 어떻게 이끄셨는지 살펴보고 우리도 어떻게 여행을 할지 생각해 보자. 무엇보다 우리는 홀로 여행하는 것이 아니다. 《천로역정》에서 크리스천은 계속해서 그릇된 선택을 한다. 그는 절망의 구렁텅이에 빠지고 세속 현자의 말에 귀를 기울이며 올라가는 길에서 벗어나고 의심의 성에 갇힌다. 항상 뭔가가 부족한 순례자다. 하지만 하늘은 참을성이 많다. 그리고 그가 다른 건 몰라도 하나만큼은 제대로 했다. 바로 여행을 멈추지 않았다는 것이다. "내가 그리스도 예수께 잡힌 바 된 그것을 잡으려고 달려가노라"(빌 3:12).

"우리는 구원이라는 기독교의 개념을 철저히 다시 생각해야 한다."[10] 구원을 받는 것이 무슨 의미인가? 자, 우리는 좁은 문 앞에 이르렀다. 그리스도를 따라 제자의 길을 가자.

막간

4 깨어남,
보이지 않던 것이
보이기 시작하다

모든 것에서 하나님 보기

베드로와 및 함께 있는 자들이 깊이 졸다가
온전히 깨어나 예수의 영광과 및
함께 선 두 사람을 보더니.
– 누가복음 9장 32절

프레드릭 비크너(Frederick Buechner)는 이렇게 말했다. "내가 알기로 동화를 탄생시키지 않은 시대는 없었다."[1] 그는 어느 시대, 어느 나라에나 동화가 있는 건 그것이 삶에 관한 가장 중요한 뭔가를 가르쳐 주기 때문이라고 설명했다. 동화는 모든 것이 보기와 다를 때가 많다는 사실을 가르쳐 준다. 흉한 개구리는 사실 왕자고, 아리따운 새엄마는 사실 마녀다. 동화는 이 세상이 가리키는 또 다른 세상이 있다는 사실을 가르쳐 준다. 그 세상은 멀지 않고, 우리는 그 세상을 통제할 수 없다. 동화는 옷장으로 들어가거나 토끼 굴에 떨어지거나 램프를 문지르면 갑자기 새로운 현실이 나타난다는 사실을 가르쳐 준다. 평범하던 것이 갑자기 특별한 것의 매개체가 된다.

대개 동화의 주인공은 저주나 마법에 걸려 죽음과도 같은 잠에 **빠진다**. 스스로는 거기서 깨어날 힘이 없다. 주인공이 독사과를 먹거나 물레에 손가락을 찔리거나 20년간의 긴 잠에 **빠진다**. 이런 이야기가 장수하는 것은 바로 우리 자신의 이야기이기 때문이다. 우리는 마치 마법에 걸린 것처럼 시급한 문제들에 눈이 멀어 버린다. 하지만 가끔씩 마법의 잠에서 깨어난다. 《바람과 함께 사라지다》(Gone with the Wind)의 주인공 스칼렛 오하라는 문득 자신이 애슐리 윌크스가 아닌 레트 버틀러를 사랑한다는 사실을 깨닫는다. 《크리스마스 캐럴》(*A Christmas Carol*)의 주인공 에베니저 스크루지는 자신의 현재 삶이 얼마나 불행한지 깨닫고서 후히 베푸는 사람으로 변한다. 우리 역시 어느 날 잠에서 깨어나 불현듯 부모로서 엉망진창인 자신의 모습 혹은 일 중독이나 두려움, 분노에 빠져 있는 자신을 맞닥뜨릴 수 있다. 음악이나 미술을 향한 새로운 열정 혹은 인종 차별이나 세상의 빈곤과 싸워야 한다는 소명 의식이 우리 안에서 깨어날 수도 있다.

혹은 하나님에 대해 깨어날 수도 있다. 바로 이런 일이 성경에서 일어난다. 모세라는 이름의 도망자가 수백 번을 지나쳤던 덤불을 본다. 그런데 이번에는 전과 달리 그 덤불에 불이 붙어 있으나 타지 않는다. 그가 몸을 돌리니 하나님의 음성이 들린다. 성경 이야기는 또 다른 현실, 아니 더 깊은 현실을 가리킨다는 점에서 동화와 같다. 단 하나, 동화와의 차이점은 성경 이야기는 진짜라는 것이다. 성경 이야기는 실제로 일어난 일들이다.

하나님을 향한 우리의 여행은 '깨어남'(awakening)에서 시작한다. 로버트 멀홀랜드(Robert Mulholland)는 우리가 두 가지 중요한 현실에 눈을 떠야 한다고 말한다. 첫째, 우리 세상 속에서 참하나님을 만나야 한다. 둘째, 자신의 참모습을 마주해야 한다. 이런 일이 일어나기 전까지는 영적 삶을 살 수 없다. 멀홀랜드는 깨어남과 함께 "위안"과 "위협"이라는 두 가지 감정이 찾아온다고 말한다.[2] 위안을 느끼는 건, 하나님이 선하시며 그런 그분과 함께 산다는 것은 곧 "우리 우주가 우리에게 절대적으로 안전한 장소"임을 뜻하기 때문이다.[3] 반대로 위협을 느끼는 건, 하나님과 함께 살기 위해서는 반드시 변해야 하기 때문이다. 변해야 할 선하지 않은 것이 우리 안에 너무도 많으며, 변화는 곧 고통을 의미한다.

이런 깨어남 없이는 영적 삶의 에너지와 힘이 줄어든다. 믿음은 간접적이고 형식적인 것으로 변해 간다. 윌리엄 제임스(William James)는 "따분한 습관'이 아닌 '급성 열병'으로써 종교를 행하는 사람들 안에서" 일어나는 깨어남에 관해 이야기했다.[4] 따분한 습관을 통해 알코올 중독이나 돈의 노예 상태에서 해방되거나 공민권 운동을 위해 감옥까지 간 사람은 없다.

빌 레너드(Bill Leonard)는 글을 통해 하버드에서 공부하는 신학생들에게 애덤(Adam)이라는 애팔래치아 출신 젊은이가 회심한 이야기를 들려주었다. 마약과 술에 찌들고 난폭운전을 일삼던 애덤은 어느 날 한 픽업트럭과 정면충돌했는데, 그와 동승자들은 가까스로 목숨을 건졌고 그 일로 애덤은 하나님의 은혜를 깨닫고서 그분께 삶을 바쳤다. 자유 의지 침례교도(Free Will Baptist)인 그의 어머니는 며칠 동안 집이 떠나갈 듯 하나님을 찬양했다. 애덤은 판사가 두 번째 기회를 주지 않았다면 자신이 평생 썩게 되었을 카운티 교도소에서 복음을 전하기 시작했다. 그는 자신이 "세계 구원을 받았다"고 말했다. 레너드는 애덤의 영적 깨어남이 너무 강력해서 "'심지어 장로교인 학생들'도 눈물을 흘렸다"라고 썼다.[5]

물론 애덤의 이야기는 내가 경험한 이야기와 다르며, 종교적 경험을 극적으로 조작하거나 영적 경험을 윤색하려 했다가는 자칫 막

대한 해를 끼칠 수 있다. 하지만 또 보면 끊임없이 이어지는 따분한 습관 속에서 어느 날 문득 예수님을 만난 사람은 아무도 없다. 그래서 예로부터 선생들은 학생들을 깨우기 위해 노력했다. 고대 수메르에는 이런 수수께끼가 있었다. "누구든 감은 눈으로 들어갔다가 활짝 뜬 눈으로 나오는 곳은 어디일까?" 답은 학교다. "감은 눈"은 무지와 편견, 알기를 거부하는 태도를 의미한다. 제임스 크렌쇼(James Crenshaw)는 고대 수메르의 선생들이 학생들의 눈을 열기 위해 심지어 "세게 때렸다"라고 말한다.[6]

고대 이스라엘에서 학생들은 세 가지 지식의 길을 배웠다. 세상을 관찰하는 것, 남들의 배움에 관해 듣는 것, 초월자를 직접 만나는 것이 그 길이다. 이제부터 이 마지막 길에 관한 이야기를 해 보자.

산 위에서의
초월적 경험

다볼산 정상에 서 있는 상상을 해 보라. 성경에는 산에서 하나님을 만난 사람들에 관한 기록이 아주 많다. 족히 수백 번은 된다. 모세는 "하나님의 산"(출 3:1)이라는 곳에서 불이 붙었으나 타지 않는 기이한 떨기나무를 통해 하나님의 임재를 마주했다. 하나님이 이스라엘 백성과 언약을 맺은 곳은 시내산이었다. 그때 백성들은 하나님에게서 "멀리 서서" 있었다(출 20:18, 21 참조). 엘리야가 하나님의 세미한

음성을 들은 것도 산에서였다.

산은 특히 예수님의 삶에서 중요한 사건들이 일어난 장소다. 예수님이 세상 모든 나라를 주겠다는 마귀의 유혹을 뿌리치신 장소도 높은 산이었다. 예수님이 제자들을 선택하신 것도 산에서였다. 인류 역사상 가장 유명한 강연은 산상수훈이다. 역사상 가장 유명하고도 중요한 죽음은 갈보리산이라는 언덕에서 이루어졌다. 그곳에서 인류는 하나님의 사랑이 어디까지인지를 똑똑히 목격했다. 역사상 가장 유명하고도 중요한 사명(모든 면에서 예수님께 순종하는 제자들을 키우는 것)은 예수님이 "예수께서 지시하신 산"에서 제자들에게 주신 사명이다 (마 28:16).

산은 하늘과 땅이 가장 가깝게 만나는 곳이다. 산에서는 주변 세상을 새로운 시각에서 볼 수 있다. 산에서 우리의 시야는 평소보다 높고 넓어진다. 평소 크게 보이던 장애물들이 산에서는 생각보다 훨씬 작게 보인다. 아래서는 보이지 않는 세상의 부분들이 산에서는 훤히 보인다. 산에서 우리는 '더 높은 시각'이라는 선물을 받는다.

"[예수께서] 산에 오르사 자기가 원하는 자들을 부르시니 나아온지라 이에 열둘을 세우셨으니 이는 자기와 함께 있게 하시고"(막 3:13-14). 여기서 함께 있다는 것은 단순히 같은 공간에 있다는 뜻이 아니다. 예수님과 함께 있다는 것은 그분의 절친한 친구가 된다는 뜻이다. 그분께 마음을 열어 보이고 그분에게서 배우며 그분께 털끝 하나도 숨기지 않는것, 그분과 함께하는 시간을 즐기고 그분을 믿고 존경하며 그분의 삶에 놀라서 변화된다는 뜻이다.

예수님이 제자들을 산으로 부르신 것은 소명을 받는 것이 초월적인 경험이기 때문이다. 제자들은 전날까지만 해도 몰랐던 목적과 정체성에 눈을 떴다. 그들의 주된 소명은 단순히 예수님과 함께 있는 것이었다. 그리고 그분이 말씀하신 대로 그들은 그분과 함께 있게 되었다. 그분이 이 땅을 떠나신 뒤 두 제자가 종교 지도자들과 마찰이 일었을 때였다. "그들이 베드로와 요한이 담대하게 말함을 보고 그들을 본래 학문 없는 범인으로 알았다가 이상히 여기며 또 전에 예수와 함께 있던 줄도 알고"(행 4:13). 예수님 '없이' 많이 배우고 비범한 것보다 예수님과 '함께하면서' 못 배우고 평범한 것이 더 낫다.

산은 골짜기에서는 잘 보지 못하던 현실에 깨어나는 곳이다. 무엇보다도 산에서 우리는 예수님의 복음에 깨어난다. 즉, '지금' 하나님의 임재와 능력, 은혜, 돌보심을 누릴 수 있다는 사실을 깨닫는다.

찰스 테일러(Charles Taylor)는 *A Secular Age*(세속 시대)에서 믿음이 특히 서구 사람들에게 그토록 힘든 이유를 파헤친다. 그는 500년 전만 해도 오히려 사람들이 하나님을 믿지 '않기'가 힘들었다고 말한다. 하지만 오늘날에는 심지어 신자들까지도 의심의 골짜기에서 살고 있다. 우리는 테일러가 "내재적인 틀"(immanent frame)이라고 부르는 곳에서 산다. 이 틀은 세상에 물질만 존재한다는 닫힌 세계관을 의미한다.[7] 이 관점에 따르면 우리는 위에 뚜껑이 닫힌 거대하고 복잡한 우주적 유리 용기 안에서 사는 것이다. 하지만 실제로 우리는 테일러가 말하는 삶의 "충만함" 곧 진정한 도덕적 선, 고귀한 아름다움, 진정으로 책임감 있는 삶을 갈망한다.[8] 문제는 우리는 그런 것을 현실로 이루어 주는 초월적이고 영적이며 도덕적인 영역을 더 이상 믿지 않는 다는 것이다.

우리에게도 산이 필요하다. 또 다른 세상이 있다. 현실은 보이는 것과 다르다. 잠자는 자여, 어서 깨어나라. 이것이 변화산 사건이라는 이야기가 신약에서 그토록 중요한 위치를 차지하는 이유다. 이 세상에서 또렷하게 깬 상태로 살아가려면 옷장 속으로 들어가, 토끼 굴 속으로 들어가, 콩 나무를 타고 올라가 다른 세상을 보고 와야 한다. 변화산 사건은 이렇게 시작된다.

> 엿새 후에 예수께서 베드로와 야고보와 그 형제 요한을 데리시고 따로 높은 산에 올라가셨더니 그들 앞에서 변형되사 그 얼굴이 해 같이 빛나며 옷이 빛과 같이 희어졌더라 그때에 모세와 엘리야가 예수와 더불어 말하는 것이 그들에게 보이거늘(마 17:1-3).

거대한 유리 용기의 뚜껑이 열렸다. 여기서 마태가 굳이 시간을 언급한 것은 성경에서는 엿새가 초월적인 경험을 준비하기 위해 필요한 날짜이기 때문으로 보인다. 예를 들어, 창조에 엿새가 걸렸고 일곱째 날에 하나님이 사람들을 안식의 경험으로 초대하셨다. 엿새 동안 하나님의 영광이 구름 속에서 시내산을 뒤덮었고, 일곱째 날에 하나님이 모세를 구름 속으로 들어오라고 부르셨다.

여기 마태복음에서는 베드로가 가이사랴 빌립보에서 예수님이 "그리스도요 살아 계신 하나님"이라고 고백한 지 엿새가 지난 시점이다(16:16 참조). 산으로의 부름은 우리의 시간표대로 찾아오지 않는다. 그것은 우리의 시간이 아니라 적절한 시간에 찾아온다. 첫째 날이 아닌 여섯째 날에 찾아온다.

이어서 예수님은 베드로와 야고보, 요한을 어떤 경험으로 초대하신다. 예수님은 새로운 차원의 관계를 낳을 특별한 경험으로 그들을 초대하신다. 그들은 예수님께 양해를 구할 수도 있었다. 예수님을 '위해서' 할 일이 너무 많아서 그분과 '함께할' 시간이 없다고 말할 수도 있었다. 베드로와 야고보, 요한은 많은 실수를 했지만 이번만큼은 잘했다. 예수님이 산 위로 초대하셨을 때 그들은 무조건 "예"라고 대답했다.

여기서 잠시, 하나님에 관해 깨어나는 일에서 경험이 어떤 역할을 하는지 생각해 볼 필요가 있다. 달라스 윌라드는 인간이 경험으로 이루어져 있다고 말했다. 우리는 단순히 세포와 표피로 이루어진 존재가 아니다. 우리 삶은 경험의 연속이다. 이것이 우리가 석양이나 맛깔난 식사, 산에서 내려다보는 경관을 소중히 여기는 이유다. 현대인들은 휴대폰으로 자신의 모습을 자주 찍는다. 그런 사람이 하도 많아서 '셀피'라는 신조어까지 생겨났다. 푸른 바다 앞이나 멋진 폭포수 옆에서, 콘서트에서 좋은 친구와 함께 셀피를 찍는다.

C. S. 루이스는 가장 깊은 경험들이 우리 안에서 딱히 뭐라고 말할 수 없는 갈망, 물질세계는 만족시킬 수 없는 갈망, 사랑이나 아름다움이나 의미에 대한 갈망, 즉 성경에서 "영광"이라고 부르는 것을 향한 갈망을 깨운다고 말했다. 우리의 경험들은 이 갈망을 깨운다.

하지만……

그것들은 실체가 아니다. 그것들은 우리가 찾지 못한 꽃의
향기에 불과하다. 우리가 듣지 못한 가락의 메아리에 불과하다.
우리가 아직 방문하지 못한 나라에서 온 소식에 불과하다. 내가
당신에게 마법을 걸고 있다고 생각하는가? 그럴지도. 하지만
동화들을 생각해 보라. 마법은 사람들을 현혹시킬 때만이 아니라
저주를 풀 때도 사용된다. 당신과 나는 거의 백 년 동안 빠져 있던
세속의 악한 저주에서 깨어나기 위해 가장 강한 마법을 필요로
한다. …… 우리는 그 어떤 자연적인 행복도 만족시킬 수 없는
갈망을 계속 느낀다.[9]

친밀함은 경험을 공유하는 것이다. 누군가에게 영화를 같이 보
자거나 커피를 같이 마시자거나 심지어 산책을 하자고 말하는 것조
차도 자신의 삶을 열어 경험을 공유하자는 초대다. 이렇게 누군가에
게 경험을 공유하자고 초대하는 것은 곧 친밀함으로 초대하는 것이
다. 예수님이 베드로와 야고보, 요한을 산으로 초대하신 것도 곧 친밀
함으로의 초대였다.
영적 깨어남은 하나님의 임재를 깨닫고 그분을 경험하면서 시
작된다. 그 경험은 숲이나 음악의 아름다움을 통해 찾아올 수 있다.
실직이나 이혼, 암 진단 같은 고통을 통해서 찾아올 수도 있다. 사랑
에 빠지거나 아기가 탄생하는 일 같은 변화를 통해서도 찾아온다. 아

우구스티누스(Augustinus)나 "마음이 이상하게 뜨거워졌다"라고 말한 존 웨슬리(John Wesley)의 경우처럼 그 경험은 성경을 읽다가 찾아올 수도 있다. 자신의 의지에 반하여 예수님을 만나 온전한 정신을 찾고 세례를 받고 나서 "정말 그건 우발적인 사건이었다!"라고 말했던 앤 라모트(Anne Lamott)의 경우처럼 그 경험은 교회 안에서 찾아올 수도 있다.[10] 척 콜슨(Chuck Colson)의 경우처럼 그 경험은 감옥에서 찾아올 수도 있다. 그런가 하면 그 경험은 전혀 극적이지 않을 수도 있다.

어떤 경우든 그런 경험이 찾아온다. 보이지 않는 것이 보이는 순간이 있다. 이블린 언더힐(Evelyn Underhill)이 인용했던 표현에 따르면, 깨어남은 "주로 이기심을 버리는 것"이다.[11] 우리는 태어날 때 '내 욕구와 생존이 가장 중요한 내 작은 세상'에 대해 처음 깨어난다. 하지만 산 위에서 우리는 '훨씬 더 큰 세상'에 대해 깨어난다. 내 자아는 삶의 중심 자리에서 내려오고, 나는 비로소 하나님과의 친밀함을 향해 열린다.

깨워 주셔야
깰 수 있다

베드로와 야고보, 요한이 보는 가운데 예수님이 변형되셨다. 이 장면을 상상해 보자. 구약의 큰 복은 하나님이 그분의 얼굴을 우리에게 비추시는 것이었다. "여호와는 그의 얼굴을 네게 비추사"(민 6:25).

깨어남, 보이지 않던 것이 보이기 시작하다

베드로와 야고보, 요한은 바로 이것을 보았다. 신약의 약속은 성도가 도덕적 아름다움을 상징하는 흰옷을 입는 것이다. 베드로와 야고보, 요한은 바로 이것을 보았다.

고대 세상에서는 초월적인 영광과 환한 빛을 하나로 여겼다. 오늘날에도 할아버지가 손주를 보며 얼굴이 "빛난다"라고 말한다. 사람들이 결혼식장의 신부를 보고 "눈부시게" 아름답다고 말한다. 신부에게 이보다 더 어울리는 표현은 없으리라.

모세가 시내산에서 내려왔을 때 "모세는 자기가 여호와와 말하였음으로 말미암아 얼굴 피부에 광채가 나나 깨닫지 못하였더라 아론과 온 이스라엘 자손이 모세를 볼 때에 모세의 얼굴 피부에 광채가 남을 보고 그에게 가까이 하기를 두려워하더니"(출 34:29-30). 시편 기자는 이렇게 말했다. "그들이 주를 앙망하고 광채를 내었으니 그들의 얼굴은 부끄럽지 아니하리로다"(시 34:5).

빛은 에너지다. 빛은 아름다움이다. 하지만 예수님의 빛은 전혀 새로운 차원의 빛이다. 모세는 하나님의 쉐키나 영광을 보고 나서 달이 태양빛을 반사하듯 그 영광의 빛을 반사했다. 하지만 예수님은 빛 자체를 발하셨다. 그분의 빛은 반사된 빛이 아니었다. 그분은 빛의 근원이셨다. 예수님과 함께 그 산에 있었던 요한은 나중에 "그 안에 생명이 있었으니 이 생명은 사람들의 빛이라"라고 말했다(요 1:4).

"사물과 사람을 너무 빨리 판단하지 않도록 조심하라. 겉만 보면 속는다. 진짜 아름다움을 찾고 싶다면 유심히 찾아야 한다." 또 다른 세상이 있다. 그리 멀지 않은 곳에 있다. 세상은 보이는 게 전부가 아니다. 하나님의 나라라는 세상에서는 개구리가 왕자인 것으로 드러나고, 못난 오리새끼가 아름다운 백조이며, 십자가에 못 박힌 목수는 만왕의 왕이시다.

예수님의 복음은 그분 안에서 하나님의 나라가 이 땅에서 펼쳐질 수 있게 되었다는 것이다. 이 영적인 실재는 구약에서 반복적으로 표현되었다. 무지개를 통해, 불타는 떨기나무를 통해, 세미한 음성을 통해, 벽에 나타난 손 글씨를 통해, 빛나는 구름을 통해.

이제 그 궁극적인 표현이 예수님의 변화를 통해 나타났다. 잠시나마 제자들은 예수님이 이미 알고 계신 사실을 볼 수 있게 되었다. 그것은 바로 우리가 하나님이 충만한 세상 속에서 살고 있다는 사실이었다. 달라스 윌라드는 이렇게 말했다. "그것은 하나님으로 인해, 하나님이 항상 계심으로 인해 상상할 수도 없이 아름답고 좋은 세상이다. 하나님이 끊임없이 노시며 끊임없이 즐거워하시는 세상이다. 하나님의 임재로 영광스러운 모든 가시적인 것과 사건을 볼 때마다 하나님을 생각하지 않는다면 우리는 아직 예수라는 단어에 완전히 사로잡히지 않은 것이다."[12]

변화산 이야기는 계속된다. "베드로와 및 함께 있는 자들이 깊이 졸다가 온전히 깨어나 예수의 영광과 및 함께 선 두 사람을 보더니"(눅 9:32).

잠드는 것이나 깨어나는 것이나 둘 다 신비로운 경험이다. 우리는 언제 잠이 드는지도 모르게 잠이 든다. 깨어나는 것도 자신도 모르게 깨어난다. 잠을 잘 때 우리는 세상에 대해 죽어 있다. 주변 세상은 여전히 돌아가고 있지만 우리는 그것을 전혀 인식하지도, 그것에 참여하지도 못한다. 그러다 눈을 뜨는 순간 주변 세상에 대해 깨어난다.

내 친구 한 명이 먼 곳을 가느라 비행기를 오래 타야 했다. 긴 비행 시간 동안 잠을 자고 싶던 차에 누군가가 그에게 수면제를 주었다. 친구는 효과를 확신하지 못한 채 한 알을 먹었는데 정신이 말똥하기만 했다. 두 알을 먹었지만 여전히 효과는 없었다. 세 번째 알은 와인 한 잔과 함께 넘겼다. 잠에서 깼을 때 친구는 셔츠에 침을 가득 흘린 채 이상한 터미널에서 휠체어에 앉아 있었다. 알고 보니 승무원이 비행기가 착륙한 뒤에도 아무리 깨워도 그가 깨어나지 않자 그를 휠체어에 태워 내려서 게이트 앞에 두고 간 것이었다.

죄는 영적 수면제와도 같다. 지금도 죄 때문에 수많은 사람이 내 친구처럼 주변에 가득한 하나님에 대해 깊이 잠들어 있다. 우리 힘으로 깨우기가 불가능할 정도로 깊은 잠에 빠져 있다. 하지만 하나님께는 불가능이 없다. 깨어나는 것이 성취가 아닌 선물이라는 점을 분명히 이해해야 한다. 매일 아침 그렇다. 잠은 우리에게 저절로 일어나는 일인 반면, 깨어남은 아침에 우리에게 주어지는 선물이다. 온 세상에서 우리가 절대 깨울 수 없는 한 사람은 바로 우리 자신이기 때문이다.

영국 시인 프랜시스 톰프슨(Francis Thompson)은 G. K. 체스터튼과 J. R. R. 톨킨(Tolkien), 존 스토트(John Stott) 같은 기독교 사상가들에게 큰 영향을 끼친 "천국의 사냥개"(The Hound of Heaven)라는 명시를 지었다. 한번 들으면 뇌리에 박혀서 좀처럼 잊히질 않는 시다. 이 시는 사랑과 구속을 위해 사냥개처럼 집요하게 인간을 좇으시는 하나님을 그린다. 이 시는 우리를 좇는 하나님이 도망치는 우리보다 얼마나 더 필사적인지 보여 준다.

> 나는 그분에게서 도망쳤네. 밤낮으로.
> 나는 그분에게서 도망쳤네. 수많은 세월 동안을.
> 나는 그분에게서 도망쳤네. 내 마음의 미로 속으로.
> 슬픔 속에서도 나는 그분을 피해 숨었네.
> 연이은 웃음 아래로도.

우리가 오랫동안 도망 다니며 죄와 두려움 속에 숨어도 하나님은 계속해서 추격하신다. 그러다 마침내 우리가 발걸음을 멈추고 본다. 이것이 깨어남이다.

하나님을 만나 "여호와께서 과연 여기 계시거늘 내가 알지 못하였도다"라고 말할 때 야곱은 깨어났다(창 28:16). 엠마오 마을의 두 제자는 부활하신 예수님이 앞에 나타나셨을 때 깨어났다. 그들은 처음에는 주님을 알아보지 못했다. 그들의 눈에는 그저 낙담과 실패만 보였다. 예수님이 평범한 식탁에 함께 앉아 그들에게 떡을 떼어 주시자 마침내 '그들의 눈이 밝아졌다'(눅 24:31 참조). 누가는 창세기에서 하나님을 거역한 첫 남녀를 설명하는 데 사용한 표현을 그대로 썼다. 단, 이번에는 하나님과 소망, 죽음 너머의 삶에 대해 눈이 열렸다. 이에 그들은 서로를 보며 "우리 속에서 마음이 뜨겁지 아니하더냐?"라고 물었다(32절).

내 친구는 술 냄새가 진동하는 술집에서 그의 지인이 건넨 한마디, '내세가 있을 가능성은 절대 없다'는 말을 듣고 깨어났다. 더 이상절망 가운데 살 수 없다는 사실이 불현듯 깨달아졌다. 여태껏 하나님이 존재할 가능성은 절대 없다고 믿고 살아왔지만 더 이상 허무와 죽음의 안개 속에서 살 수 없다는 것을 그 순간 알게 되었다. "천국의 사냥개"의 첫 발자국 소리를 들은 것이다. 순간, 그의 삶에서 믿음의 '급성 열병'이 시작되었다.

알코올 의존자 모임에서 마지막 12단계는 "영적 각성"에 관한것이다.

> 남자나 여자가 영적으로 깨어난 것의 가장 중요한 의미는 전에는
> 혼자 힘으로는 하고 느끼고 믿을 수 없던 것을 하고 느끼고
> 믿을 수 있게 된 것이다. 이제 그는 새로운 의식과 존재 상태에
> 해당하는 선물을 받았다. 그는 실제로 전진하는 길 위에 놓였다.
> 이제 그의 삶은 막다른 길이 아니다.
> 이제 그의 삶은 견디거나 길들여야 할 것이 아니다.
> 매우 실질적인 의미에서 그는 변화되었다.[13]

작가 빌 레너드는 미국의 제2차 대각성 운동 당시 회심은 노예들이 자유인으로서의 정체성에 깨어나는 것을 의미했다고 말한다.

켄터키주의 위니(Winney)라는 노예 여성은 "한때는 주인을 섬기는 것이 의무라고 생각했지만 하나님이 자신을 '회심시킨' 뒤로는 어떤 그리스도인도 흑인이나 노예를 소유할 수 없다고 믿게 되었다고 말한 것"과 "흑인들에 대한 대우로 인해 지옥에서 뒹구는 백인이 수없이 많고, 자신은 그런 백인이 더 많아도 상관없다"라고 덧붙였다는 이유로 폭스오브엘크혼장로교회(Forks of Elkhorn Baptist Church)에서 징계를 받았다.[14] 그 교회는 회심한 노예가 자유민처럼 말했다는 이유로 파문시켰다.

바울은 이렇게 말했다. "잠자는 자여 깨어서 죽은 자들 가운데서 일어나라 그리스도께서 너에게 비추이시리라"(엡 5:14). 그리스도의 빛은 우리를 잠에서 깨울 뿐 아니라 우리의 깨어난 상태를 비추어 준다. 깨어나면 빛을 볼 뿐 아니라 빛의 일부가 될 가능성이 열린다. 실제로 예수님은 자신이 전혀 영적으로 빛난다고 생각하지 않던 평범한 청중에게 이렇게 말씀하셨다. "너희는 세상의 빛이라 …… 너희 빛이 사람 앞에 비치게 하여 그들로 너희 착한 행실을 보고 하늘에 계신 너희 아버지께 영광을 돌리게 하라"(마 5:14-16).

C. S. 루이스는 오랜 세월 "광채"라는 개념을 납득할 수 없었다고 말했다. "누가 일종의 살아 있는 전구가 되고 싶을까?" 하지만 결국 그는 그 이미지 이면의 의미를 이해하게 되었다.

우리는 단순히 아름다움을 '보기'만을 원하지 않는다. ……
우리는 말로 표현하기 힘든 다른 뭔가를 원한다. 즉 우리는

깨어남, 보이지 않던 것이 보이기 시작하다

우리가 보는 아름다움과 연합하고, 그 속으로 통과하고, 그것을 우리 안으로 받아들이고, 그것에 푹 젖어 들고, 그것의 일부가 되기를 원한다. …… 언젠가 하나님이 허락하시면 우리는 '안에' 들어갈 것이다. 인간 영혼들의 자발적인 순종이 무생물의 생명 없는 순종만큼이나 완벽해지는 날, 그 영혼들은 자연의 영광을 입을 것이다. 아니 자연은 겨우 초벌 스케치에 불과하게 느껴질 만큼 더 큰 영광을 입을 것이다.[15]

우리가 인기인들을 "스타"라고 부르는 것은 결코 우연이 아니다. 그런데 사람들에게 인기를 얻으려는 우리의 갈망은 하나님께 인정을 받으려는 갈망의 모조품에 불과하다. 우리는 "잘하였도다 착하고 충성된 종아"라는 말을 듣기를 갈망한다(마 25:21, 23). 예수님은 단순히 "너희 빛이 사람 앞에 비치게" 하라고 말씀하셨지, "너희 빛이 사람 앞에 비치게" 더 노력하라고 말씀하시지 않았다(마 5:16).

등불은 굳이 노력할 필요가 없다. 등불 안에서 일어나는 일로 인해 자연스럽게 빛이 난다. 바울은 우리가 하나님의 빛에 따라 살면 '하늘의 별처럼 빛날 것이고, 생명의 말씀을 밝히게 된다'고 말했다(빌 2:15-16, 현대인의성경).

이제 베드로는 완전히 깨어나서 말을 한다. 마태복음의 기록으로만 보면, 베드로가 변화산에 오르기 전에 마지막으로 한 말은 예수님께 십자가에 관한 이야기를 그만하시라고 하는 말이었다. 이에 예수님은 격하게 반응하셨다. "사탄아 내 뒤로 물러가라 너는 나를 넘어지게 하는 자로다 네가 하나님의 일을 생각하지 아니하고 도리어 사람의 일을 생각하는도다"(마 16:23).

그때부터 엿새 동안 베드로는 자신의 입을 다스리는 훈련을 하지 않았을까? 엿새 동안 베드로는 '앞으로는 더 조심해야지. 앞으로는 함부로 입을 놀리지 않겠어'라고 수없이 마음을 다잡았을 것이다. 하지만 베드로의 입이 다시 한 번 말썽을 일으킨다. "베드로가 예수께 여쭈어 이르되 주여 우리가 여기 있는 것이 좋사오니 만일 주께서 원하시면 내가 여기서 초막 셋을 짓되 하나는 주님을 위하여, 하나는 모세를 위하여, 하나는 엘리야를 위하여 하리이다"(마 17:4).

마가는 여기에 약간의 주해를 더한다. "그들이 몹시 무서워하므로 그가 무슨 말을 할지 알지 못함이더라"(막 9:6).

베드로는 도무지 입을 다물 줄 모르는 사람이었다. 베드로의 말을 가만히 분석해 보면 그래도 노력한 흔적이 보인다.

ㄴ "주여." (좋은 출발이다.)

- “우리가 여기 있는 것이 좋사오니.” (아직은 괜찮다.)
- “만일 주께서 원하시면……” (“제 뜻대로가 아니라” - 아주 좋다.)
- “내가 여기서 초막 셋을 짓되 하나는 주님을 위하여, 하나는 모세를 위하여, 하나는 엘리야를 위하여 하리이다.” (뭐라고?)

베드로의 말에서 찾을 수 있는 한 가지 문제점은 예수님의 독특한 정체성을 간파하지 못하고서 그분을 모세나 베드로와 동급으로 보았다는 것이다. 또 다른 문제점은 초월적인 경험에 흔히 따르는 문제점이다. 그것은 그 경험을 한 산 위에 머물기를 원하게 될 수 있다는 것이다. 다시 말해, 하나님 자신보다 그분에 관한 영적인 혹은 감정적인 '경험'을 예배하게 될 수 있다.

또한 베드로는 상황을 통제하려고 했다. 하지만 그는 뭔가를 잘해서 산에 초대를 받은 것이 아니었다. 혹은 뭔가를 잘못해서 산에 불려 간 것도 아니었다. 그는 우리가 산을 다스리는 것이 아니라는 사실을 깨닫지 못하고 있었다. 다스리는 분은 언제나 하나님이시다. 설상가상으로 베드로의 자아가 고개를 쳐들었다. 그는 “'우리'가 초막을 짓되”가 아니라 “'내'가 초막을 짓되”라고 말했다. 다른 제자들은 이 생각을 먼저 못한 것을 땅을 치며 후회하지 않았을까? 하지만 어리석은 생각일 뿐이다. 예수님과 모세, 엘리야가 그 초막으로 뭘 하란 말인가? 거기서 인형이나 팔라고?

베드로의 실수들은 중요한 진리 하나를 말해 준다. 그것은 깨어난다는 것이 옳은 것을 이해하고 생각하고 말하고 행하게 된다는 뜻이 전혀 아니라는 것이다. 오히려 정반대다. 깨어나면 대개 처음에는 허우적거린다. 하지만 하나님은 그런 우리를 참아 주신다. 하나님은 한참 참은 뒤에야 비로소 개입하셨다. "[베드로가] 말할 때에 홀연히 빛난 구름이 그들을 덮으며 구름 속에서 소리가 나서 이르시되 이는 내 사랑하는 아들이요 내 기뻐하는 자니 너희는 그의 말을 들으라 하시는지라"(마 17:5).

마치 하나님이 "베드로야, 이제 잠시 쉬는 게 어떠냐?"라고 말씀하시는 듯하다. 베드로가 할 말을 다 할 때까지 기다리다간 모두가 집에 돌아갈까 봐 마침내 하나님이 제동을 거신 것 같은 분위기다.

모세와 엘리야가 예수님께 이렇게 묻는 것을 상상해 보라. "예수님, 400년을 기다렸는데 정말 이 자들이 최선입니까? 세상의 수많은 사람들 중에서 꼭 이 자들을 선택하셔야 했습니까?" 그러자 하나님이 예수님의 세례식 때 하셨던 말씀을 다시 하신다. "내 사랑하는 아들이요 내 기뻐하는 자니"(마 17:5).

깨어날 때 궁극적으로 우리는 사랑에 대해 깨어난다. 아버지께서 세상을 향해 가장 말씀하시고 싶은 사실은 아들이 얼마나 사랑스러운가, 그리고 그분 안에서 우리가 얼마나 사랑스러운가 하는 것이다. 그런 의미에서 하늘의 음성은 예수님의 세례식 때는 하지 않았던 한마디를 추가했다. 그것은 베드로와 야고보, 요한이 이제 그 말을 들을 준비가 되었기 때문이었다. 그 말은 바로 "그의 말을 들으라"였다.

언제? 매 순간. 어디서? 모든 곳에서. 왜? 그분은 언제나 사랑으로 진리를 말씀하시기 때문에. 어떻게? 순복하는 자세로. 그의 말을 잘 듣고 그가 말하는 대로 하라.

명심하라. 깨어남은 언제나 선물로 우리에게 온다. 이를테면 이런 식으로 깨어남을 경험할 수 있다. 하나님을 예배하려는 마음이 간절해진다. 기도가 쉬워지고, 하나님이 손만 뻗으면 만져질 듯 가깝게 느껴진다. 음란이나 술, 험담이 이제는 그렇게 역겨워 보일 수가 없다. 성경을 읽고 싶은 마음이 절로 일어나고, 순결한 생각을 하고 싶어진다. 삶의 의욕이 솟아난다. 더 나은 배우자나 부모, 친구가 되고 싶어진다. 매일의 삶을 낙관적으로 보기 시작한다. 간단한 선물에도 감사가 솟아난다. 하루 종일 웃음이 끊이질 않는다.

이것이 깨어나는 것이다. 깨어남을 맛보고 즐기라. 깨어남에 대해 하나님께 감사하라. 이 일에서 배우라. 이 일을 늘 기억할 수 있도록 돌을 쌓아 제단을 만들라. 단, 그 일에 얽매이지 말라. 그 일을 예배하지 말라. 우리의 순종을 그 일이라는 틀에 가두지 말라. "그의 말을 들으라." 예수님이 말씀하시는 대로 하라. 하나님이 원하시는 반응은 우리가 산 위로 완전히 이사하는 것이 아니다. 변화산의 비전은 지속적인 것이 아니다. 그 비전은 잠시 선물로 오는 것이다.

깨어남에 대한 올바른 반응은 '순종'이다. "그의 말을 들으라." 하나님과 가까워지는 순간이 찾아올 때 우리의 소명은 그 순간을 연장시키는 것이 아니다. 우리의 소명은 우리의 뜻을 내려놓는 것이다. 알코올 의존자 모임에서 처음 세 단계는 이 점을 잘 보여 준다. 1단계에서 나는 내 문제에 대해 깨어난다. 내가 스스로 삶을 관리할 수 없고 나의 가장 큰 적에 대항해서는 철저히 무력하다는 사실을 깨닫는다. 2단계에서 나는 내 희망에 대해 깨어난다. 하나님이 나를 온전한 정신으로 회복시켜 주실 수 있다는 사실을 믿게 된다. 3단계에서는 항복한다. 내 삶과 뜻을 하나님 앞에 내려놓는다.

산꼭대기에서의 경험에 대한 올바른 반응은 산꼭대기에 둥지를 트는 것이 아니다. 올바른 반응은 바로 아들의 말을 듣고 그대로 행하는 것이다. 이 장면을 상상할수록 놀랍기 짝이 없다. 나도 모든 의심을 날려 버리고 내 믿음을 영원히 공고히 해 줄 음성을 듣고 싶다. 하지만 그 음성이 제자들의 마음속에 기쁨과 확신을 낳지는 못했다. "제자들이 듣고 엎드려 심히 두려워하니"(마 17:6).

제자들은 더 이상 보고 싶지 않았다. 더 이상 듣고 싶지 않았다. 그들은 영광을 느끼기는커녕 두려움에 얼어붙었다. 그런데 그들은 이미 제자였다. 그렇다. 우리는 영광뿐만 아니라 두려움에 대해서도 깨어난다. 이사야는 하나님의 아름다우심과 선하심을 보았다. 그런데 뜻밖에도 그의 입에서는 절규가 쏟아져 나왔다. "화로다 나여 망하게 되었도다 나는 입술이 부정한 사람이요 나는 입술이 부정한 백성 중에 거주하면서 만군의 여호와이신 왕을 뵈었음이로다"(사 6:5).

이것이 깨어남이 영적 삶의 초기에만 일어나는 일이 아닌 이유다. 우리는 매일 깨어남의 선물을 필요로 한다. 예수님 당시에는 스스로 가장 영적이라고 생각한 사람들이 오히려 예수님께 가장 눈먼 자들이라는 평을 들었다. 구원이 가장 절실한 사람들이 구원의 필요성을 가장 덜 느낀 것이다. 토머스 머튼은 이렇게 말했다. "정말 큰 골칫거리는 자신이 선해서 더 이상 구원을 받을 필요가 없고 남들도 자신처럼 '선하게' 만드는 것이 자신의 역할이라고 생각하는 사람들의 구원이다!"[16]

하나님은 내가 받을 준비가 된 만큼만 그분 자신을 주시는 것 같다. 제자들이 바짝 엎드린 뒤 "예수께서 나아와 그들에게 손을 대시며 이르시되 일어나라 두려워하지 말라 하시니 제자들이 눈을 들고 보매 오직 예수 외에는 아무도 보이지 아니하더라"(마 17:7-8). 예수님은 제자들을 일일이 만지면서 일어나라고 말씀하셨다. 엎드리는 것은 죽을 때 하는 행동이다. 일어나는 것은 부활할 때 하는 행동이다. 하나님의 나라가 가까이 왔다. 하늘의 음성은 제자들에게 예수님의 말씀을 들어야 한다고 말했다. 그런데 예수님은 그들을 조금도 나무라지 않으셨다. 대신 예수님은 "두려워하지 마라. 나다. 나는 여전히 나다. 그냥 나다. 너희가 잘 아는 나다"라고 말씀하셨다.

모세는 가고 없었다. 엘리야도 가고 없었다. 구름도 걷히고 없었다. 예수님은 더 이상 빛나지 않았다. 예수님은 평소 모습으로 돌아와 계셨다. 이 상황이 주는 교훈은 율법(모세)과 선지자들(엘리야)이 모두 예수님을 가리킨다는 것이다. 예수님은 그것들의 의도를 완벽히 이해하고 계신 분이다. 이제 그들은 산꼭대기를 떠나야 한다. 일상으로 돌아가야 한다. 가서 해야 할 일이 있다.

실제로 그들은 곧바로 산에서 내려가 매우 아픈 아들을 둔 남자를 만났다. 비록 그들을 돕는 데는 실패했지만 그들은 산에서 내려왔다. 그들은 다른 산으로 가지 않고 일상 속으로, 일 속으로, 실패할 수 있는 삶 속으로 돌아갔다. 하지만 실패해도 상관없다. 예수님이 동행하고 계시기에, 앞으로 다른 산들이 있을 것이기에.

캘리포니아주 임페리얼 카운티 솔턴호(Salton Sea) 옆에 있는 사막 한복판에 "셀베이션 마운틴"(Salvation Mountain, 구원의 산)이라고 하는 거대한 민속 공예품이 솟아 있다. 벽돌과 짚, 흙, 쓰레기를 몇 층 높이로 쌓고 꼭대기에 "예수님은 길이시다", "하나님은 죄인들을 용서하신다", "하나님은 절대 실패하시지 않는다"와 같은 글귀로 장식한 십자가를 놓았다.

레너드 나이트(Leonard Knight)라는 사람이 십 년이 넘는 세월을 바쳐 이 산을 건축했다. 미국 중서부에서 특이한 일들을 하던 그는 어떤 이유로 세상에 구원의 산이 필요하다는 생각을 하게 되었다. 그때부터 그는 매년 고된 작업을 쉬지 않았다. 여름에는 40도가 넘는 뙤약볕에서 구슬땀을 흘려 가며 수천 리터나 되는 페인트를 칠했다. 그는 배운 것이 별로 없는 평범한 사람이었다. 그의 소망은 하나님이 사랑이시라는 사실을 사람들이 알도록 만드는 것이었다. 전 세계에서 수많은 사람이 이 구원의 산에 찾아와 하나님에 대한 헌신의 징표로 작은 물건을 놓고 가곤 한다. 레너드 나이트는 몇 년 전에 세상을 떠났지만 그의 산은 꿋꿋이 그 자리를 지키고 있다.

최근 록 스타 케샤(Kesha)는 깊은 상처를 경험한 뒤에 〈기도〉(Praying)라는 곡을 녹음했다. 날것 그대로의 아픔이 듣는 이의 가슴을 찢는 솔직한 곡이다. 뮤직비디오는 자신의 고통을 설명해 보려는 한 목소리로 시작된다. "신이든 뭐든 있다면 …… 왜 나는 버림을 받았는가?" 이어서 케샤는 자신에게 상처를 준 사람도 기도하고 있기를 바란다고 노래한다. 이 노래는 상처와 혼란, 원망을 지나 용서의 가능성으로 나아간다. 케샤는 이 뮤직비디오를 셀베이션 마운틴에서 찍었다.

또 다른 세상이 있다. 그리 멀지 않은 곳에 있다. 세상은 보이는 게 전부가 아니다. 그러나 깨어남은 시작일 뿐이다.

5 정화,
내 안의 지옥을
태워 버리다

죄의 짐 내려놓기

그때에 내가 말하되 화로다 나여 망하게 되었도다
나는 입술이 부정한 사람이요
나는 입술이 부정한 백성 중에 거주하면서
만군의 여호와이신 왕을 뵈었음이로다 하였더라.
- 이사야 6장 5절

《죽음에 이르는 병》(*The Sickness unto Death*)이라는 책에서 덴마크 철학자 쇠렌 키르케고르(Søren Kierkegaard)는 한 가지 비유를 통해 죄가 어떤 식으로 우리의 자기인식을 흐리게 만드는지 적나라하게 보여 주었다. 비유에서 한 소작농은 꽤 두둑한 돈을 받아 신발과 스타킹을 사고 남은 돈으로 얼큰하게 취해서 집에 돌아간다. 그런데 그만 길에서 쓰러지고 만다. 이윽고 마차가 나타났고, 운전자는 소작농에게 비키지 않으면 다리를 밟고 지나가겠다고 엄포를 놓는다. 소작농은 깨어나서 자기 다리를 내려다보지만 신발과 스타킹 때문에 그것이 자기 다리인지를 알아보지 못한다. "맘대로 하시오. 그건 내 다리가 아니니까."[1]

키르케고르는 이어서 이렇게 설명한다. "영의 삶에서 현상 유지는 없다. 무엇이 옳은 일인지를 알자마자 곧바로 그 일을 하지 않으면 …… '앎'이 점점 더 모호해진다."[2] 점점 나의 행동을 합리화하게 된다. 나의 의도를 부인하게 된다. 내가 저지른 잘못은 '잊어버리고' 남들이 내게 저지른 잘못은 기억하게 된다. 뉴스를 보면 사기나 폭력으로 경찰에게 붙잡히고 나서 "그 당시의 나는 내가 아니었어요"라고 말하는 사람을 자주 본다. 그렇지 않다. 그 사람은 바로 그 자신이다. 단지 자신이 아니라고 스스로 최면을 걸었을 뿐이다.

자신의 인격을 깨닫지 못하게 될 수 있다. 자신의 잘못을 보지 못하게 될 수 있다. 자신의 영혼이 어떤 상태인지 알지 못하게 될 수 있다. "맘대로 하시오. 그건 내 다리가 아니니까."

앞서 살폈듯이 우리의 가장 큰 필요는 '우리에게' 일어난 일에서 구원받는 것이 아니라 '우리 안에서' 일어난 일에서 구원받는 것이다. 외적 상황으로부터 구원받는 것이 아니라 내적 질병으로부터 구원받는 것이 가장 중요하다.

키르케고르는 죄가 단순히 종교적 규칙을 어기는 것이 아니라고 말했다. 외적인 행동만 좋아진다고 끝이 아니다. 잘못된 행동을 하는 것만이 아니라 잘못된 사람이 되어 가는 것이 문제다. 키르케고르에 따르면 죄는 "절망하여 '하나님 앞에' 서기를 원치 않는 것"이다.[3] 이것이 그가 죄의 반대가 덕이 아니라고 말한 이유다. 덕을 쌓으려고 노력해도 여전히 내가 내 삶의 주인 자리에 앉아 있을 수 있다. 따라서 죄의 반대는 믿음이요, 하나님께 기초를 두는 것이다.[4]

한편, 하나님이 죄를 미워하시는 것은 즐거움을 반대하시기 때문이 아니다. 즐거움 또한 하나님이 창조하셨다. 하나님이 죄를 미워하시는 것은 그것이 약속만 거창하게 하고 실제로 제대로 지키지는 않기 때문이다. 빈센트 펠리티(Vincent Felitti) 박사는 중독의 힘을 단순 명쾌하게 설명했다. "만족 '직전까지만' 가게 해 주는 것은 아무리 해도 모자라다."[5]

중독을 성경에서는 우상이라고 부른다. 술은 만족 직전까지

정화, 내 안의 지옥을 태워 버리다

만 가게 해 줄 뿐 실제로 우리를 만족시켜 주지는 못한다. 성공도, 돈도, 안위도 마찬가지다. 우리가 죽기 전에 꼭 갖고 싶어 하는 다른 모든 우상들도 마찬가지다. 그래서 하나님으로 향하는 여행은 '정화'(purgation)라는 단계를 지난다.

어떤 나쁜 생각이나 감정이 우리 안에 있을 때 우리는 어서 '털어내야' 한다고 말한다. 그런데 우리 안에 깊이 뿌리를 박고 있는 죄를 우리의 힘으로는 털어낼 수 없다. 그래서 정화(우리가 이 땅에 사는 한 끝나지 않는 과정)는 하나님의 도우심으로 죄를 털어내는 과정이다.

달라스 윌라드가 한번은 새로 온 교인과 식사 중이었다. 그런데 그 교인이 아주 매운 고추를 씹고는 자신도 모르게 "지옥이 타는 맛이군!"이라고 말했다. 그 즉시 윌라드는 이렇게 대답했다. "그렇다면 내가 왕창 먹어야겠군요!"

정화는 우리 안에 있는 지옥을 태워 버리는 것이다. 정화는 대개 한 번에 이루어지지 않고, 이번 장에서 살필 여러 요소로 이루어진다. 정화라는 주제는 우리를 예수님과 그 제자들에 관한 또 다른 이야기로 이끈다. 이번 이야기는 호수, 배, 한 남자에 관한 이야기다. 그 호수 위에 떠 있는 그 배에서 그 남자에게 어떤 일이 일어났다. 그 배에서 나왔을 때 그 남자는 완전히 다른 사람이 되어 있었다. 그 남자에게 일어난 일은 하나님과 친밀해지려는 사람들에게 항상 일어나는 일이다. 우리는 그 고통을 싫어하지만 하나님은 우리에게 그 고통이 필요함을 아신다.

차원이 다른 기준에
눈뜨다

이야기는 이렇게 시작한다.

> 무리가 몰려와서 하나님의 말씀을 들을새 예수는 게네사렛
> 호숫가에 서서 호숫가에 배 두 척이 있는 것을 보시니 어부들은
> 배에서 나와서 그물을 씻는지라 예수께서 한 배에 오르시니
> 그 배는 시몬의 배라 육지에서 조금 떼기를 청하시고 앉으사
> 배에서 무리를 가르치시더니(눅 5:1-3).

예수님이 하나님과 믿음, 인간의 상태에 관해 가르치고 계신다.
예수님은 사람들을 사랑하셔서 살아가는 법에 관한 지혜를 나눠 주신
다. 사람들은 늘 이 지혜에 목말라 있다. 예수님의 가르침이 워낙 뛰어
나서 그분 주변이 금세 발 디딜 틈도 없이 사람들로 꽉 찬다. 점점 뒤
로 밀려나던 예수님은 결국 물에 빠지기 직전에 이르신다.

예수님의 눈에 두 척의 배가 들어온다. 예수님은 그중 한 척이
베드로의 배임을 알아보고 그 배로 오르신다. "시몬아, 내가 계속해서
가르칠 수 있도록 배를 띄워라."

베드로는 노를 저어 배를 육지에서 약간 뗀다. 예수님이 자리에
앉으신다. 배 위에서는 서 있기 힘들어서 그러신 걸까? 아주 오래 설
교하기 위해 그러신 걸까? 그 배 위에 있는 베드로를 상상해 보라. 어

       정화, 내 안의 지옥을 태워 버리다

릴 적에 나는 마치 설교단 위에 왕좌처럼 거대한 의자들이 놓인 교회를 다녔다. 설교 시간 내내 목회자나 중직자들이 그 자리에 앉아 있었는데, 우리는 그중에 조는 사람이 없는지 회중석에서 매의 눈으로 관찰하곤 했다. 혹시 베드로도 졸기 시작하지 않았을까? 동산에서 기도를 하고 변화산에도 올라갔다 오고 밤새 물고기를 잡았으니 눈꺼풀이 보통 무겁지 않았을 것이다.

베드로는 예수님이 전해 주시는 하나님의 말씀을 듣는다. 어떤 내용이었는지는 성경에 기록되어 있지 않다. "너희는 세상의 빛이다"라는 제목의 설교였을지도 모른다. '정말 그랬으면 좋겠어!'라며 고개를 끄덕이는 베드로를 상상해 본다. 다른 쪽 뺨까지 돌려대라는 설교였을지도 모른다. 언젠가 검으로 누군가의 귀를 벨 정도로 다혈질인 베드로이니만큼 분노를 다스리지 못하는 자신에 관해 반성하지는 않았을까?

"맞으면 맞다고 틀리면 틀리다고 솔직히 말하라"라는 설교였을지도 모른다. 훗날 예수님을 모른다고 잡아뗄 만큼 거짓말에 능통한 베드로이니만큼 자신이 지금까지 살면서 했던 모든 거짓말을 떠올리며 회개하지는 않았을까? "네 인생에 대해 걱정하지 말라"라는 설교였을지도 모른다. 설교를 들으며 믿음 없이 두려워했던 지난날을 되돌아보지 않았을까?

혹시 예수님의 가르침을 듣는 동안 베드로의 내면에는 자신이 어떤 인물이 될지에 관한 희망과 자신이 얼마나 못났는지에 관한 수치심이 뒤섞여 있지 않았을까? 모든 인간은 어떤 '기준'을 열망할지 결정해야 한다. 성경 기자들, 무엇보다도 예수님은 인간의 성취에 대한 하나님의 기준을 제시하셨다. 이 기준을 듣고 의욕에 불타는 사람이 있는가 하면 부담감이나 분노, 낙심을 느끼는 사람도 있다. 어떤 경우든 이 기준 앞에서 우리 모두는 자신이 이 기준에 못 미친다는 자각을 하게 된다.

예수님의 설교가 끝나자 베드로는 다시 배를 저어 해변으로 간다. 가는 동안 베드로는 이번 집회가 엄청난 성공을 거두었다고 말하며 예수님께 엄지를 치켜 올리지 않았을까? 하지만 예수님의 관심은 다른 곳에 있다. "말씀을 마치시고 시몬에게 이르시되 깊은 데로 가서 그물을 내려 고기를 잡으라"(눅 5:4).

당신이 어떤 일을 직업으로 삼는 전문가인데 아마추어가 그 일에 관해서 훈수를 두었던 적이 있는가? 베드로는 프로 어부다. 반면, 예수님은 평생 목수 일을 하다가 랍비가 되신 분이다. 내가 베드로라면 발끈했을지도 모른다. "저기, 예수님, 저도 설교에 관해 이러쿵저러쿵하지 않으니까 예수님도 고기잡이에 대해서는 아무 말씀도 하지 마세요." "여긴 고기가 없어요. 방금 전에 그물을 던져봤다고요." "지금은 때가 아니에요. 이렇게 밝은 시간에는 고개가 잡히질 않아요." "지금은 제 선원들이 다 지쳐서 때가 아니에요."

하지만 베드로는 이렇게 말한다. "선생님 우리들이 밤이 새도록 수고하였으되 잡은 것이 없지마는 말씀에 의지하여 내가 그물을 내리리이다"(눅 5:5). 베드로는 예수님을 "선생님"이라 부른다. 물 위에서만큼은 자신이 선생이라고 말할 법도 하건만 그는 예수님의 뜻을 따

정화, 내 안의 지옥을 태워 버리다

르겠다고 말한다. 그는 자기 앞에 계신 분이 자신보다 강하다는 사실을 정확히 인식하고 있다. 그래서 그는 평소 자신이 하던 대로 하지 않고 예수님이 시키시는 대로 한다. 바로 이것이 믿음의 행위다. "말씀에 의지하여" 베드로는 예수님이 보시는 것을 보지는 못하지만 그분이 시키시는 대로 하기로 마음을 먹는다. 그리고 예수님께는 그것만으로 충분하다. "그렇게 하니 고기를 잡은 것이 심히 많아 그물이 찢어지는지라 이에 다른 배에 있는 동무들에게 손짓하여 와서 도와달라 하니 그들이 와서 두 배에 채우매 잠기게 되었더라"(눅 5:6-7).

요즘 배에는 웬만하면 어군 탐지기가 장착되어 있어서 초당 최대 20만 개의 음파를 내보내 어군의 위치를 매우 정확하게 찾아낸다. 필시 예수님께는 이런 장치가 내장되어 있었던 게 분명하다. 예수님은 역사상 최고의 어부셨다. 아니, '모든' 면에서 역대 최고셨다. 예수님은 물고기들이 어디에 있는지를 아셨다. 혹은 물고기들이 베드로의 배로 몰려오게 하신 것일 수도 있다. 어떤 경우도 정말 신나는 상황이었을 것이다. 이 이야기를 읽다가 예수님이 예수님의 역할을 얼마나 즐기셨을까 하는 생각을 해 봤다. 우리는 자신의 삶과 일을 사랑하는 사람들에게 끌린다. 그 배에서 함박웃음을 띠고 앉아 계신 예수님의 모습을 상상해 본다. "거 봐, 내가 뭐랬니?"

실로 놀라운 순간이었을 것이다. 이런 상황에서 보통 어부는 어떻게 반응할까? "초보자가 운이 좋군!" "와, 고마워요." "내일 한 번 더?" 내가 베드로라면 아예 예수님과 동업하면 곧 돈방석에 앉게 될 거라는 생각을 했을 것 같다. 하지만 예수님께 부는 하찮은 것이다.

예수님께는 더 큰 물고기가 있다.

베드로는 보통 어부와는 전혀 다른 반응을 보인다. "시몬 베드로가 이를 보고." 누가가 베드로의 이름 전체를 소개하는 것은 이번이 처음이자 마지막이다. "네가 어떤 인간인지 잘 안다. 숨을 생각일랑 하지 마라."

"시몬 베드로가 이를 보고 예수의 무릎 아래에 엎드려 이르되 주여 나를 떠나소서 나는 죄인이로소이다 하니"(눅 5:8).

감출수록
자유를 잃다

실로 극적인 장면이다. 베드로는 심지어 무릎을 꿇을 여유도 없다. 유죄 판결을 받은 천민이 왕 앞에서 하듯 예수님의 발치에 바짝 엎드린다. 배 안에는 물고기가 그득하지만 그 쪽에는 관심조차 없다. 베드로는 예수님께 자신에게서 떠나라고 애원한다. 자신은 악한 사람이라고 고백한다. 요즘 세상에서는 이런 사람을 보면 다들 혀를 끌끌 찬다. "저런, 자존감이라고는 눈곱만큼도 없는 사람이군. 종교가 사람을 저 모양으로 망가뜨렸어."

이것이 정화에 관한 우리의 문제점이다. 우리는 입으로는 베드로처럼 말할지 모르지만 속으로는 베드로처럼 느끼지 않는다. 베드로의 감정을 제대로 이해하려면 알코올 중독 모임에 가서 30년간 술

정화, 내 안의 지옥을 태워 버리다

주정뱅이로 살아온 사람을 봐야 한다. 술로 인해 직업도 가정도 자존감도 잃어버린 사람, 가정법원과 파산법원을 거쳐 감옥에 다녀온 사람, 그가 이 고백을 하지 않으려고 수십 년간 안간힘을 쓰는 동안 그의 삶은 철저히 파괴되었다. 이제 그가 다른 알코올 의존자들이 가득한 방에 앉아 난생처음으로 고백을 한다. "제 이름은 베드로입니다. 저는 알코올 의존자입니다." 이것은 그를 무너뜨리는 동시에 되살릴 말이다.

이 말은 죽음이다. 한 인생의 끝이다. 하지만 이 말은 생명이기도 하다. 새로운 삶의 시작이다. 그전까지만 해도 매일 피해 왔던 말. 하지만 그날부터 그는 그 말을 기억하고 소중히 여기게 될 것이다. 함께 원을 그려 앉은 다른 중독자들이 그에게 말한다. "안녕하세요, 베드로 씨!" 그들이 함께 축하해 준다. 그가 알코올 중독의 문제를 갖고 있다는 사실이 아니라 마침내 그가 그 문제를 스스로 해결할 수 없음을 깨닫고 인정했다는 사실을 축하한다. 켄트 더닝턴(Kent Dunnington)의 말처럼 그들은 자신의 부족함을 깨닫고 공개적으로 인정하는 것 자체가 그 무엇에도 비할 수 없는 영적 성취라는 점을 깨달아 알고 있다.[6]

일부 교회들은 공개적으로 죄를 고백하는 순서를 갖는다. 이 순서가 제대로 이루어지면 알코올 의존자 모임에서 "제 이름은 존입니다. 저는 알코올 의존자입이다"라고 말하는 것과 같은 고백이 가능해진다. 하지만 요즘 이 순서가 제대로 이루어지는 경우는 드물다. 더 이상 '죄인'은 그 말을 하고도 아무런 충격도 받지 않는다. 우리는 그

말 하기를 두려워하지 않는다. 눈 하나 깜짝하지 않고 그 말을 한다. 죄를 인정하는 것은 더 이상 알코올 중독을 인정하는 것처럼 실질적으로 변해야 함을 의미하지 않는다. 이 말을 하는 알코올 의존자는 하나님이 은혜로우시기 때문에 자기 삶의 모든 것이 변할 것이라고 확신한다. 반면, "저는 죄인입니다"라고 말하는 교인은 대개 그 말의 의미를 오해하고 있다. 그는 하나님이 은혜로우시기 때문에 아무것도 변하지 않아도 된다고 착각한다.

요즘 우리는 은혜를 단순히 죄의 결과를 모면하는 것으로 생각하는 경향이 있다. 하지만 은혜는 벌을 받지 않는 것보다 훨씬 더 큰 의미를 내포한다. 구원을 주로 무죄 선언이라는 법적 조건에서 생각하면 속사람은 변하지 않은 채로 남는다. 그런 생각은 예수님은 원하지 않고 은혜만 원하는 교인들을 양산한다. 진정한 회개는 절대 형벌을 피하는 것을 주된 목표로 삼지 않는다. 한 남자와 배, 고백에 관한 또 다른 이야기는 《모비 딕》(Moby-Dick)에 나오는 더없이 생생한 요나서 설교에서 찾아볼 수 있다. "이보게들, 바로 이것이 진정한 회개라네. 용서해 달라고 아우성치는 것이 아니라 처벌에 감사하는 것 말이네."[7]

데이비드 브룩스(David Brooks)는 우리 사회가 겸손의 문화에서 소위 "빅 미"(Big Me) 문화로 변했다고 말한다. 예를 들어, 1950년 갤럽이 고등학교 3학년생들에게 자신을 매우 중요한 사람으로 여기는지 조사했을 때 겨우 12퍼센트만 그렇다고 대답했다. 55년 뒤에는 80퍼센트가 자신을 매우 중요한 사람으로 여겼다. 오늘날에는 젊은이들의

93퍼센트가 자기도취 테스트에서 20년 전의 중간 점수보다 더 높은 점수를 기록했다. 엘리자베스 길버트(Elizabeth Gilbert)는《먹고 기도하고 사랑하라》(*Eat, Pray, Love*, 믿음사 역간; 데이비드 브룩스가 끝까지 읽었다고 말한 유일한 책)에서 신이 "나 자신 속에서 들려오는 나 자신의 음성"을 통해 나타나며 "신이 당신 안에 당신 자신으로, 정확히 지금 당신의 모습으로 거하고 있다"라고 말한다.[8]

하지만 우리는 남몰래 불행해한다. 진실을 알기 때문이다. 자아추구도 만족 직전까지만 가게 해 줄 뿐이며 결국 공허함만 더해 줄 뿐이다. 수세기 동안 기독교 저자들은 "빅 미"(대단한 나)로 대변되는 교만을 영적 문제의 핵심으로 꼽아 왔다. C. S. 루이스는 이렇게 말했다. "교만에 비하면 음란, 분노, 탐욕, 술 취함 같은 것은 모두 조족지혈에 불과하다. 마귀가 마귀가 된 것은 바로 이 교만을 통해서다. 교만은 다른 모든 악으로 이어진다. 교만은 하나님께 완전히 반하는 마음 상태다. ······ 여기서 끔찍한 질문 하나가 떠오른다. 교만에 명백히 사로잡힌 자들이 어떻게 하나님을 믿는다고 말하고 매우 종교적인 것처럼 행세할 수 있는가? 필시 그것은 가공의 하나님을 섬기고 있기 때문이 아닐까 싶다."[9]

닐 플랜팅가는 우리 시대에 교만과 관련된 한 가지 거대한 변화를 지적한다. 이 변화로 인해 정화를 추구하기가 더 어려워졌다. 교만이 사라진 것은 아니다. "사람들은 여전히 자기 자신과의 불륜에 빠져 있다. 교수들은 여전히 자신이 들은 말보다 자신이 한 말에 흐뭇해하며 교수회의 장소를 나선다." "변한 것은 현대 미국 문화가 지나친 자존심을 더 이상 위험 신호로 보지 않는다는 것이다." 플랜팅가는 예수님이 "화 있을진저, 불쌍한 서기관들과 바리새인들이여! 좋은 사람들이로되 자존감이 너무 낮구나"라고 말씀하시지 않았다는 점을 지적한다. 바울도 "할례나 무할례가 아무것도 아니로되 오직 자존감을 갖는 것만이 중요하니라"라고 말하지 않았다.[10]

베드로는 이렇게 말했다. "주여 나를 떠나소서 나는 죄인이로소이다"(눅 5:8). 베드로는 예수님이 어떤 분이신지 똑똑히 알았고, 나아가 자신이 얼마나 망가진 존재인지를 뼈저리게 자각했다. 우리 인간들은 뿌리 깊고 불가사의한, 구제불능의 죄 성향을 갖고 있다. 예수님을 만나면 그 문제가 남들만의 문제가 아니라는 사실을 분명히 깨닫는다. 바로 '내'가 뿌리 깊고 불가사의한, 구제불능의 죄 성향을 갖고 있다. 이 같은 사실을 깨달았다면 다음 단계는 고백이다. 고백은 단순히 일반적인 죄 목록을 나열하며 막연하게 인정하는 것이 아니라 인격적 흠에 관한 구체적인 사례들을 인정하는 것이다.

나는 우리 각자 안에 '수치'라는 벽장이 있다고 믿는다. 그 벽장 안에 우리는 창피한 기억이나 약점을 숨겨 놓는다. 성문제, 술, 비열한 거짓말, 도둑질, 단순히 현재 내 모습에 대한 수치심……. 그런데 가장 숨기고 싶은 것이 적나라하게 드러나면 정말 이상한 일이 벌어진다. 우리는 죽지 않고 오히려 치유를 얻는다.

한 목사 친구가 설교를 표절하다가 들통이 났다. 그 일로 그는 징계를 받고 공개적으로 사과를 했다. 이제 그의 표절 사건을 모두가 안다. 그런데 며칠 뒤 그 친구를 보았는데, 낙심한 빛은커녕 오히려 전에 없이 밝고 가벼워 보였다. 그 이유를 알 것 같았다. 숨김과 위선, 거짓에 오랫동안 짓눌려 있었던 것이다. 그런데 더는 아무것도 숨길 없이 없고 모두가 그의 안에 있는 최악의 모습을 알게 되자 수치심은 안도감으로 변했다. 거짓 모습으로 존경을 받을 때보다 진짜 모습이 드러날 때 마음이 가벼워진다.

한번은 내가 평행주차에 애를 먹어 시간을 끄는 동안 기다려야 했던 뒤차 운전자가 내 옆에 차를 대자마자 창문을 열고 소리를 질렀다. "당신, 도대체 뭐가 문제야?" 그와 마주한 시간은 불과 몇 초였지만 그 질문은 오랫동안 나를 따라다녔다. 찰스 테일러는 모든 신념체계는 잘된 점을 권장할 뿐 아니라 잘못된 점을 설명해 주어야 한다고 말한다. "뭐가 문제인가?" 예수님께 영향을 받은 문화권의 사람들은 수 세기 동안 이 질문에 "죄"라고 답해 왔다. 그런데 이 시대에는 죄 대신 "병"이라는 표현을 주로 사용한다. 도덕적인 용어가 치료적인 용어에 자리를 내주었다. '사기꾼'이나 '거짓말쟁이', '간통' 같은 표현은 구시대적이거나 감정적인 것으로 여긴다. 대신 두려움이나 걱정, 중독 같은 '문제'를 인정하는 것은 다들 크게 거리껴 하지 않는다.

이런 상황의 아이러니는 프로이트에서 시작된 치료 문화가 우리를 종교의 "환상"에서 해방시켜 준 것이 아니라 "새로운 전문가들, 치료사들, 의사들에게 갈 수밖에 없게" 만들었다는 것이다. "그들은 맹목적이고 충동적인 메커니즘이나 적합한 종류의 통제력을 우리에게 휘두르고 있다."[11] 제임스 K. A. 스미스(James K. A. Smith)에 따르면 "우리는 자유의 확보라는 이름으로 제사장에 대한 복종을 치료사에 대한 복종으로 바꾸었다."[12]

　이보다 더 심각한 아이러니는 우리가 도덕적 영역에서 치료적 영역으로 넘어가면 사실상 자유를 '잃는다'는 것이다. 책임감 있는 사람에서 희생자로 전락한다. 나의 한 동료가 스스로 해결할 수 없는 한 가지 문제에 반복해서 빠졌다. 오죽하면 그녀는 자신이 제정신이 아닌 것만 같다는 말까지 했다. 그러다 우리는 책임감을 매우 강조하는 12단계 프로그램들에 열심히 참여했다. 그렇게 하나님을 필요로 하는 책임감 있는 도덕적 존재로서 각자의 문제를 다루었더니 우리가 희생자라는 생각은 '줄어들고' 오히려 힘은 '강해지는' 놀라운 경험을 했다.

　질병은 우리의 큰 문제지만 가장 깊은 문제는 아니다. 가장 깊은 문제는 죄다. 죄는 '우리에게' 일어나는 일이 아니라 '우리 안에서' 일어나는 일이기 때문이다. 죄가 가장 깊은 문제라면, 사람의 가장 깊은 부분은 의지다. 이 의지로 우리는 죄를 선택할 수 있고, 계속해서 죄를 선택하면 그것이 우리 안에 깊이 뿌리를 내린다. 죄는 도덕적인 무게를 포함하지만, 병은 아무리 심해도 그렇지는 않다.

건강한
후회

　베드로는 단순히 자신의 죄를 인식하기만 한 것이 아니다. 그의 행동 곧 예수님 앞에서 무릎을 꿇고 자신의 상태를 말로 표현하고 실질적인 고통을 느낀 것은 후회의 표현이다. '후회'라는 단어는 '죄'라는 단어처럼 수난을 겪었다. 요즘에는 "후회하지 않는다"라는 말을 건강한 정신의 상징처럼 여긴다. 하지만 인간이라면 후회할 줄 알아야 정상이다.

판사와 검사들에게는 죄인이 후회의 빛을 보이느냐 혹은 진심으로 잘못을 뉘우치는 것처럼 보이느냐가 매우 중요하다. 왜 그럴까? 그것은 "남들에게·해를 끼치고도 전혀 후회하지 않는 사람은 사실상 후회할 줄 아는 인간과 전혀 다른 종류의 인간이기" 때문이다.[13] 그래서 야고보는 이렇게 말한다. "죄인들아 손을 깨끗이 하라 두 마음을 품은 자들아 마음을 성결하게 하라 슬퍼하며 애통하며 울지어다"(약 4:8-9). 이 말은 병적 상태로의 초대가 아닌 참된 인간성으로의 초대다.

당연한 말이지만, 슬픈 감정을 억지로 짜내는 것은 아무런 도움이 되지 않는다. 중요한 것은 내가 상처를 준 사람들과 그들(과 나)을 사랑하시는 하나님의 입장에서 나의 독한 말과 행동을 보는 것이다. 건강한 후회는 죄에서 회복 중인 죄인들의 공감과 반성에서 비롯하는 부산물이다.

정화는 언제나 자유를 낳는다. 중독자의 경우 정화는 먹거나 마시거나 도박하거나 사거나 보고 싶은 충동에서 자유하게 해 준다. 예전에는 남모를 죄를 포기하면 삶이 따분해질 것이라고 생각했지만 예수님과 그분 나라의 실재를 발견하고 투명한 삶이 주는 건강을 맛보고 나니 한때 내 주인이었던 욕구들이 이제 종이라는 본래 자리로 돌아갔다. 그렇게 충동에서 자유를 얻으니 더 재미있는 것들을 생각하고 원하게 되었다.

그리고 정화의 목적은 치유다. 최근에 피부과에 다녀왔다. 의사는 훈련된 눈과 돋보기, 특별한 빛을 사용해 내 피부를 유심히 살펴보더니 이렇게 말했다. "강한 햇빛에 너무 오래 계셨군요. 어릴 적부터 그러신 것 같습니다. 저 깊이 속까지 상했어요. 선생님은 보이시지 않겠지만 제게는 보입니다. 치료하지 않으시면 자칫 생명을 잃을 수도 있어요." 내 피부 아래는 계속해서 죽어 가고 있었다. 매일같이 내 피부는 선크림도 모자도 없이 태양에 그대로 노출되었다. 그것이 누구의 잘못일까?

일단은 우리 어머니와 아버지 잘못이다. 최소한 내게 모자라도 씌워서 밖에 내보내셨어야 했다. 두 분이 물려주신 스칸디나비아인의 유전자도 문제다. 오존층도 문제다. 이 모두가 범인이다. 하지만 나 역시 책임이 있다. 내가 해야 하는 것을 알면서도 하지 않은 적이 얼마나 많은가.

계속해서 피부과 전문의가 말했다. "다음번에 오시면 얼굴에 산 같은 화학물질을 바르고 특수한 가열 램프 아래 앉으실 겁니다. 거기 앉아 있으면 조금씩 아파 올 텐데, 거기서 끝이 아닙니다. 점점 참기 힘들 정도까지 아프시겠지만 참으셔야 해요."

정화에서는 이것을 회개라 부른다. 이것은 고통을 위한 고통이 아니요, 잠시 아픔을 동반한 치료다. 내가 잡티가 표면으로 드러나는 고통을 감내하는 것은 그래야 빛에 치유될 수 있기 때문이다.

바울은 "티나 주름 잡힌 것이나 이런 것들이 없이" 되기까지 우리를 죄의 힘에서 해방시키는 것이 예수님의 뜻이라고 말한다(엡 5:27). 나는 약간의 잡티쯤은 신경 쓰지 않고 살 수 있다. 하지만 내 의사는 그러질 못한다. 왜일까? 그의 기준은 훨씬 더 높기 때문이다. 그 잡티가 실제로 나를 죽일 수 있기 때문이다.

바울은 이렇게 말한다. "무릇 더러운 말은 너희 입 밖에도 내지 말고 …… 너희는 모든 악독과 노함과 분냄과 떠드는 것과 비방하는 것을 모든 악의와 함께 버리고"(엡 4:29-31). 이 가운데 내가 무엇을 놓지 못하는가? 때로 나는 이런 것들 없이 살 수 없다며 스스로를 속이곤 한다. 하지만 그리스도의 빛 가운데로 나오면 이것들의 정체가 훤히 드러난다. 이것들은 바로 죽음이다.

잘못한 이들에게 보상하기

자신이 잘못한 사람들에게 보상을 해 주는 것은 영적 건강을 유지하는 데 반드시 필요한 핵심적인 습관이다. 레위기를 보라. 누구든 속이거나 강도질하거나 지갑을 뒤져 남의 것을 빼앗으면 "그 거짓 맹세한 모든 물건을 돌려보내되 곧 그 본래 물건에 오분의 일을 더하여 돌려보낼 것이니 그 죄가 드러나는 날에 그 임자에게 줄 것이요"(레 6:5).

안타깝게도 최소 조건의 복음을 따르는 자들은 잘못을 바로잡을 필요가 없어지는 것을 은혜로 착각한다. 하지만 예수님을 만난 사람들은 그런 착각에 빠지지 않는다. 예수님을 만난 세리 삭개오는 베드로처럼 자신이 예수님의 기준에 얼마나 못 미치는지를 절실히 깨달았다. 그래서 이후 그는 지난 세월 동안 자신이 잘못한 사람들에게 기꺼이 보상을 해 준다. 그는 자신이 돌려줘야 할 것에 20퍼센트를 더해서가 아니라 '네 배'를 돌려줄 뿐 아니라 전 재산의 무려 절반을 가난한 사람들에게 나눠 주겠다고 공개적으로 맹세했다(눅 19:8 참조).

보상은 은혜에 위배되는 것이 아니라 오히려 은혜의 수단이다. 사랑은 보상을 하게 만든다. 사랑은 내가 해를 끼친 사람들에게 보상을 해 주게 하며, 그 과정에서 나는 변화된다. 알코올 의존자 모임의 8단계와 9단계 역시 이런 취지에서 보상할 마음을 품고 (가능하다면) 실제로 보상을 하는 것이다.

누군가에게 돈을 빼앗았으면 돌려줘야 한다. 누군가를 험담했다면 그 사실을 고백하고 용서를 구해야 한다. 누군가에게 거짓말을 했다면 찾아가서 진실을 말해야 한다. 최근에 나는 한 동료를 찾아가 기밀문서를 실수로 다른 사람 책상에 놓고 왔는데 그렇게 하지 않았다고 거짓말했다는 사실을 고백했다. 보상이라는 행위가 불러오는 놀라운 선물은 '우리의 인격이 의심의 여지가 없다'는 말도 안 되는 거짓말에서 우리를 풀어 준다는 것이다. 우리의 인격은 늘 의심받아야 마땅하다.

정화, 내 안의 지옥을 태워 버리다

베드로는 갑자기 자신이 얼마나 부족한지를 깊이 깨달았다. 그런데 그는 예수님께 흥미로운 요청을 한다. "어서 가십시오. 제발, 제게서 떠나십시오. 다시는 저를 보지 마십시오. 제게 말을 하지도, 저를 생각하지도 마십시오." 그는 자신을 예수님의 임재에서 영원히 배제시켜 달라고 요구한다. 예수님이 그 요청을 들어주셨다면?

하지만 예수님은 우리의 말을 넘어 마음을 보신다. 예수님은 언제나 우리가 요청한 것을 넘어 우리에게 진정으로 필요한 것을 보신다. 예수님이 베드로에게 말씀하신다. "두려워하지 마라. 너는 죄를 고백해서 자격이 없어졌다고 생각하지만 오히려 나는 너를 사용하기 위해 바로 이 순간을 기다려 왔다. 너는 용서를 받았다. 너는 온전해질 수 있다. 내가 너를 자유하게 할 것이다."

예수님은 베드로의 죄악 된 상태를 부인하시지는 않되 새로운 소명 의식, 새로운 '목적'을 주신다. 그분의 나라를 넓힐 수 있는 사람, 물고기 대신 사람을 낚을 수 있는 사람으로 변할 뜻을 주신다. 우리가 죄에서 해방되면서 받는 새로운 뜻은 예수님을 따르겠다는 의지다. 즉 예수님에 대한 순종을 최우선으로 삼겠다는 것이다. 예수님은 이 의지가 왜 필요한지 자주 말씀하셨다.

나더러 주여 주여 하는 자마다 다 천국에 들어갈 것이

아니요 다만 하늘에 계신 내 아버지의 뜻대로 행하는 자라야 들어가리라(마 7:21).

너희는 나를 불러 주여 주여 하면서도 어찌하여 내가 말하는 것을 행하지 아니하느냐(눅 6:46).

사람이 하나님의 뜻을 행하려 하면 이 교훈이 하나님께로부터 왔는지 내가 스스로 말함인지 알리라(요 7:17).

너희가 나를 사랑하면 나의 계명을 지키리라(요 14:15).

너희도 내 계명을 지키면 내 사랑 안에 거하리라(요 15:10).

예수님은 사람들을 안심시키고자 옳은 것들을 믿기만 하면 그분께 순종하지 않아도 괜찮다고 말씀하신 적이 없다. 그런데 요즘 설교자들은 그런 말을 수시로 남발한다. 그래서 달라스 윌라드는 "내가 너희에게 분부한 모든 것을 가르쳐 지키게 하라"라는 부분이 지상대명령(great commission)에서 너무도 자주 누락된다고(great ommission) 말했다(마 28:18-20 참조).

순종은 누구도 원하지 않는 미덕이 되었다. 학부모에게 정말 순종적인 자녀를 두어서 좋겠다고 말하는 교사가 얼마나 되는가? 교사에게서 그런 말을 듣고 기뻐할 학부모가 얼마나 되는가? 우리는 남들이 뭐라고 하든 자신이 옳다고 믿는 바를 끝까지 추구하는 자녀를 원한다. "우리 아들은 학교에서 가장 순종적인 학생이다!"라는 범퍼스티커를 본 적이 있는가? 우리는 순종을 고분고분하고 만만하다는 뜻으로 생각해 그리 좋아하지 않는다. 순종은 리더십과는 거리가 멀어 보인다. 우리는 순종을, 스스로 생각하지 않고 로봇처럼 복종하는 것과 결부시키곤 한다.

하지만 그것은 예수님이 명령하신 순종이 아니라 굴종 혹은 맹종일 뿐이다. 예수님이 명령하신 순종은 판단력과 분별력, 창의력, 주도성을 필요로 한다. 순종의 본질은 훌륭한 '규칙 준수자'가 되는 것이 아니라 훌륭한 '사람'이 되는 것이다. 규칙 준수에 너무 집착하다 보면 오히려 예수님이 말씀하신 대로 행하는 사람으로 성장하기가 어렵다. 달라스 윌라드는 이렇게 말했다. "예수님이 말씀하신 대로 행하는 데 너무 집착해서는 예수님이 원하시는 종류의 사람이 되지 못할 수 있다."[14]

다음 찬송가 가사를 보라.

믿고 순종하는 길은
예수 안에 복되고 즐거운 길이로다.

우리는 다른 길로 흐를 때가 너무도 많다. "믿으라. 그러면 순종하지 않아도 된다!" 어불성설이다. 순종하지 않는 믿음은 전혀 믿음이 아니다. 순종은 진정한 믿음의 본질이다. 믿는 것은 곧 순종하는 것을 의미한다. 믿는다면 순종할 수밖에 없다. 비단 예수님에 대해서만 그런 것이 아니다. 의사나 트레이너, 보컬 코치, 자동차 정비공에 대해서도 그렇다. 그들의 실력을 믿는다면 그들이 시키는 대로 하게 되어 있다. 그들이 시키는 대로 하지 않으면서 그들을 믿는다고 말하는 것은 어불성설이다.

제자는 무엇보다도 예수님께 순종하기를 원하는 사람이다. 제자는 분별력과 책임감, 창의력, 주도성, 열정을 다해 그분께 순종한다. 나는 늘 내 뜻대로 하기를 원한다. 하지만 성경은 인간이 자기 뜻대로 사는 것을 "악인의 길"이라고 부른다. 그 길로 가서는 좋은 곳에 이를 수 없다. 순종은 정화의 길이다. 순종은 예수 안에서 복되고 즐거운 길이다. 다른 복되고 즐거운 길은 없다.

매일의
샬롬 훈련

베드로는 배 위에서 난생처음으로 죄를 고백했지만 그것이 마지막 죄 고백은 아니었다. 그 뒤로도 죄를 고백할 일이 줄을 이었다. 사탄의 말로 예수님을 시험한 일, 물 위에서 예수님을 믿지 못한 일, 검으로 누군가의 귀를 자른 일, 예수님이 그를 가장 필요로 할 때 그분을 세 번이나 부인한 일, 심지어 예수님이 하늘로 돌아가시고 성령이 오신 뒤에도 베드로는 자민족중심주의를 회개한 뒤에야 비로소

　　　　　　　　　　정화, 내 안의 지옥을 태워 버리다

고넬료라는 이방인을 받아들일 수 있었다. 그런가 하면 일부 율법주의자들의 눈치를 본 일로 바울에게 쓴소리를 듣기도 했다. 내 경우도, 죄를 솔직히 인정하고 치유를 구하는 일은 남은 평생 지속될 것이다.

앞서 내가 햇볕에 상한 피부로 피부과를 찾아간 이야기를 했다. 내가 그 피부과에서 빛 고문을 단 한 번만 받았을까? 아니다. 내 피부를 완전히 치료할 때까지 수없이 계속됐다. 바울은 "내가 이미 얻었다 함도 아니요 온전히 이루었다 함도 아니라"라고 말했다(빌 3:12). 그러고도 그는 사도였다. 이렇듯 제자 훈련은 평생 계속되는 과정이다. 서둘러 봐야 소용이 없다. "하나님의 모든 과정은 느리다. 하나님의 역사는 시간이 걸린다. 서둘러서는 안 된다."[15]

나는 주기적으로 피부 검사를 한다. 새로운 문제가 계속해서 나타나기 때문이다. 마찬가지로 나는 주기적으로 치유 과정을 밟는다. 수시로 고백을 하고 내 단점을 하나님의 치유하시는 손길에 맡기고 내가 상처를 준 사람들에게 보상을 한다. 이것은 끊임없는 과정이다. 그리고 이것은 구원의 일부다. 달라스 윌라드의 말을 들어 보자.

> 기독교 소비자는 용서를 위해 하나님의 은혜를 이용하고 특별한
> 상황을 위해 교회의 섬김을 이용할 뿐 하늘나라에 자신의 삶,
> 가장 깊은 곳의 생각과 감정, 의도를 드리지 않는 자다.
> 이런 교인은 내적으로 변화되지 않으며 변화될 생각도 없다.
> 이런 이유로 그들은 단순히 '불완전한' 채로 남는 것에서
> 그치지 않는다. 사실, 우리 모두는 불완전한 채로 남지만

그들은 그 정도가 아니라 선한 일을 해야 한다는 것을

알면서도 하지 않고 할 용의도 없어서 ……

죄에 …… 지배된 채로 혹은 노예로 남는다. [16]

닐 플랜팅가는 매일 죄에서 벗어나는 과정이 "영적 위생"이라는 것을 포함한다고 말한다. "얼핏 악의 작은 때들을 닦아 내는 일처럼 들리지만 영적 위생이란 우리를 살아 있게 만들고 우리에게 특징을 부여하는 것 곧 영의 온전함을 의미한다."[17] 이 온전함은 곧 '샬롬'이다.[18] 그래서 나는 삶에 새로운 방식으로 반응하기 위한 훈련들을 한다. 이런 영적 훈련 방법 하나는 생각과 감정의 습관적인 패턴을 멈추고 하나님과 화평하게 해 주는 몸의 활동을 하는 것이다.

예를 들어, 내가 계속해서 서두르고 성급하게 굴 때는 일부러 마트 계산대에서 가장 긴 줄에 서서 "하나님의 모든 과정은 느리다" 라는 점을 다시금 되새긴다. 내가 사역을 잘하는 건지 걱정이 될 때는 혼자 바다로 간다. 거기서 내가 태어나기 오래전에도 파도가 출렁였고 내가 죽고도 오래도록 출렁일 것이며 하나님이 어련히 알아서 잘 역사하신다는 사실을 다시금 떠올린다. 그러면 걱정이 스르르 사라진다. 자꾸만 불평이 툭툭 튀어나올 때면 시간을 내서 감사할 거리를 떠올린다. 그것을 감사하고, 종이에 쓰고, 남들에게도 이야기한다. 거짓말이 나오거나 정욕이 느껴지거나 나를 내세우고 싶을 때는 그 죄를 숨기지 않고 하나님 앞에서 솔직하게 인정하고 나서 도움을 요청한다.

정화, 내 안의 지옥을 태워 버리다

플랜팅가는 이렇게 말했다. "영적으로 건전한 사람은 기도, 금식, 고백, 예배, 사색하며 묘지 걷기 같은 영적 활동으로 삶을 정돈한다. 심심해하는 사람들을 찾아가 관심을 기울여 주고, 성자들의 삶을 자신의 삶과 비교하며, 옳은 일과 돕는 일에 시간과 돈을 사용한다."[19] 매일 이런 훈련을 하면 우리의 삶에서 예수님께 정렬되지 않은 구석들을 정화하고 그분과 더 가까이 보조를 맞춰 동행할 수 있다.

다시 넘어져도
낙심하지 말 것

하나님은 빛이시요, 빛은 숨겨진 것을 드러낸다. 우리가 하나님의 빛에 아주 조금이라도 노출되면 우리의 왜곡된 모습과 표리부동, 악한 성향이 훤히 드러난다. 툭하면 사람들을 거부하고 사람들과 충돌하는 우리의 성향이 우리 앞에 적나라하게 드러난다. 베드로가 말한다. "주여 나를 떠나소서 나는 죄인이로소이다"(눅 5:8).

이 고백이야말로 그분이 가장 좋아하시는 것이기에 예수님이 미소를 지으신다. 예수님은 "베드로야, 네가 이런 인간인 줄 미처 몰랐구나. 당장 이 배에서 나를 내려 줘라!"라고 말씀하시지 않는다. 우리는 거짓말을 하거나 훔치거나 성인 사이트에 접속하고서 그 이야기를 하나님께 절대 하지 않으려고 한다. 하지만 하나님이 이미 알고 계신다는 생각은 해 보지 않았는가? 정말로 당신이 고백하면 하나님이 충격을 받으실 거라고 생각하는가? "네가 이런 놈인 줄 미처 몰랐구나. 내가 내릴 게 아니라, '네'가 어서 배에서 내려라!"

그렇지 않다. 대신 예수님은 이렇게 말씀하신다. "무서워하지 말라 이제 후로는 네가 사람을 취하리라"(눅 5:10). 마치 베드로의 말을 듣지 못하신 것만 같다. 오히려 베드로가 방금 한 말로 인해 비로소 남들을 도울 자격을 얻은 것처럼 말씀하신다. 왜냐하면 실제로 그렇기 때문이다.

"나는 죄인이로소이다." 이 진정하고도 투명한 고백은 우리를 하나님께 크게 쓰임받을 수 있게 해 준다. 이 고백을 품고 있는 한 베드로는 종교적인 사람들, 심지어 그리스도인들도 자주 하는 것처럼 남들을 경멸하지 않게 될 것이다. 그의 말은 세상에 선한 사람과 악한 사람이 따로 있지 않다는 사실을 늘 기억나게 해 줄 것이다. 예수님 앞에서 우리는 모두 죄인이다.

자신의 부족함을 깨닫고 공개적으로 고백하는 것은 영적 성취다. 아니, 그 정도가 아니라 다른 사람들을 위한 최고의 선물이다. 그리고 그 고백은 친밀함을 더하는 열쇠다. 명심하라. 친밀함은 경험을 공유하는 것이다. 그런데 수치와 죄책감의 경험은 우리가 가장 공유하기 싫어하는 경험이다. 이런 경험을 공유하는 것은 다른 사람에게 줄 수 있는 것 중에서도 큰 희생을 담은 선물이다. 상대방이 그것을 이용해 내게 상처를 줄 수도 있기 때문이다. 하나님 나라의 신비한 연금술은 죄의 고백과 용서를 통해 그 무엇보다도 강한 친밀함을 빚어 낸다. 한 번의 깊은 고백은 수천 번의 성취보다도 강한 친밀함을 만들어 낸다.

예수님은 베드로의 악한 상태에도 불구하고 그의 친구요 선생이 되기로 하셨다. 이것이 구원이다. 하지만 구원은 단순히 법적 지위의 선포 그 이상이다. 한 저자의 표현에 따르면 우리는 만국 죄인 연맹의 회원들이다. 완벽한 척할 필요가 없다. 실패와 재발에 낙심할 필요도 없다. 단, 우리는 죄인이지만 엄연히 그리스도를 향해 가는 길 위에 있다.

베드로의 경우처럼 이따금씩 우리가 배 위에 있을 때 예수님이 나타나신다. 그때 우리는 그분이 어떤 분이신지에 다시 한 번 놀라고 우리 피부 아래의 문제를 깊이 들여다보게 된다. 그리고 그분이 다시 우리를, 잠시는 따끔하지만 강력한 치유의 효력을 발휘하는 빛 아래에 놓으신다.

이 이야기와 변화산 이야기에서 제자들은 영적 실재를 전에 없이 분명히 보고서 공포에 사로잡힌다. 그리고 두 경우 모두 예수님은 "두려워하지 마라"라고 말씀하신다. 이것이 예수님이 우리에게 가장 자주 내리시는 명령이다. 두려움은 우리를 하나님에게서 멀어지게 만들며, 실제로 우리가 저지르는 많은 죄의 이면에 두려움이 있다. 요한은 "온전한 사랑이 두려움을 내쫓나니"라고 말한다(요일 4:18). 사랑이 두려움을 내쫓기 시작할 때 우리는 하나님을 향한 여행의 새로운 단계에 접어든다. 사랑이 우리를 깨닫게 만든다.

6 깨달음,
예수님이 믿었던 것을
나도 믿다

새로운 심상 지도(mental map) 받기

어떤 교리나 생각을 머리로만 주장하는 것은 믿는 것이 아니다.
진짜 믿음은 그 교리나 생각대로 사는 것이다.
- 조지 맥도널드

깨달음(illumination)은 언제나 선물로 찾아온다. 헬렌 켈러(Helen Keller)의 자서전은 깨달음의 의미를 생생하게 보여 준다. 켈러는 자신의 선생님이 온 날이 자기 인생에서 가장 중요한 날이었노라 고백했다. "전혀 다른 두 삶이 연결되는 과정을 생각하면 한없이 경이감이 밀려온다."[1]

'깨달음'은 현실을 다르게 보고 생각하는 과정을 의미하는 단어다. 전에는 보지 못했던 새로운 세상이 보인다. 대개 이 과정은 점진적으로 이루어지지만 헬렌 켈러의 경우에는 하루 만에 이루어졌다.

하루는 새 인형을 갖고 놀고 있는데 설리번 선생님이
내 무릎에 커다란 누더기 인형을 놓고 "인-형"이라고 발음하며
둘 다 "인-형"이라는 점을 이해시키려고 했다. 그날 우리는 이미
"커-업"과 "무-울"이라는 두 단어로 한참 씨름을 한 상태였다.
설리번 선생님은 "커-업"과 "무-울"이 무엇인지 설명하려고 애를
썼지만 나는 계속해서 그 둘이 헷갈렸다.
답답해진 선생님은 잠시 그 활동을 멈췄지만 기회가 생기자마자
다시 시작했다. 선생님이 계속해서 시도하자 짜증이 난 나는

새 인형을 잡아 바닥에 휙 던져 버렸다. 부서진 인형 조각들이
내 발에 느껴지자 쾌감이 밀려왔다. 쾌감 뒤에 슬픔이나 후회는
따라오지 않았다. 나는 그 인형을 사랑하지 않았다. 내가 살던
고요하고 어두운 세상에는 강렬한 감정이나 민감함 따위는
없었다.

선생님이 인형 조각들을 난로 한쪽으로 치우는 것이 느껴졌다.
불쾌하던 것이 사라졌다는 사실에 만족감이 느껴졌다. 선생님이
내 모자를 가져오자 따스한 햇살 아래로 나갈 거라는 걸 알았다.
무언의 기분을 생각이라고 부를 수 있다면, 이 생각은 나를
좋아서 깡충깡충 뛰게 만들었다.

우리는 우물 쪽으로 걸어갔다. 우물 위의 지붕을 뒤덮은
인동(honeysuckle) 냄새가 향기로웠다. 누군가가 물을 길었고,
선생님이 수관 아래에 내 손을 놓았다. 차가운 물이 한쪽 손에
쏟아지자 선생님은 다른 손에 '물'이라고 썼다.
처음에는 천천히 쓰더니 그 다음에는 빨리 썼다.
나는 손가락 사이의 움직임들에 온 신경을 집중한 채 가만히
서 있었다. 잊고 있던 뭔가에 관한 어렴풋한 의식이 갑자기
살아났다. 뭔가가 다시 생각날 때의 쾌감이 느껴졌다. 그리고
언어의 신비가 깨달아졌다.

그때 나는 "무-울"이 내 손 위를 흐르는 차갑고 놀라운 뭔가를
의미한다는 것을 알게 되었다. 그 살아 있는 단어가 내 영혼을
깨우고 내 영혼에 빛과 희망, 기쁨을 주었으며 내 영혼을

　　　　　　　　깨달음, 예수님이 믿었던 것을 나도 믿다

해방시켰다! 물론 장애물은 여전히 있었다. 하지만 그것은
시간이 지나면 사라질 장애물이었다.

나는 배움의 열정으로 가득해서 그 우물을 떠났다. 모든 것에
이름이 있었고, 모든 이름이 새로운 생각을 탄생시켰다. 집으로
돌아오는 내내 내가 만지는 모든 물체가 생명으로 전율하는 것만
같았다. 그것은 내가 모든 것을 이상하고도 새로운 눈으로 보게
되었기 때문이다.

집에 들어오자마자 내가 부순 인형이 생각났다. 나는 더듬더듬
난로로 가서 조각들을 집었다. 그 조각들을 맞춰 보려고 했지만
소용이 없었다. 순간, 두 눈 가득 눈물이 차 올랐다. 내가 무슨
짓을 했는지 깨달았기 때문이다. 난생처음으로 후회와 슬픔을
느꼈다.

그날 정말 많은 단어들을 새로 배웠다. 그 단어들을 지금 다
기억하지는 못하지만 '어머니'와 '아버지', '언니', '선생님' 같은
단어들은 기억이 난다. 그것들은 "꽃이 핀 아론의 지팡이"처럼 내
세상에 꽃을 피워 줄 단어들이었다.

그 중대한 날을 마치고 내 방에 누워 기쁨을 만끽하며
난생처음으로 새로운 날을 기대하던 순간의 나보다 더 행복한
아이는 별로 없을 것이다.[2]

헬렌 켈러는 내내 혼자였지만 이제는 혼자가 아니었다. 그녀는
자기 마음에 갇혀 있었지만 이제 해방되었다. 그녀는 분노와 자기연

민의 덫에 걸려 있었지만 이제 후회와 회개를 알게 되었다. 그녀는 자신이 쓸모없는 존재라고 여겨 왔지만 이제 수많은 사람에게 용기를 줄 위대한 목적을 얻었다. 그녀의 세상에 마침내 꽃이 피었다.

이 모든 일은 한 사람으로 인해 일어났다. 손을 타고 흐르는 살아 있는 물을 경험한 뒤 헬렌 켈러는 설리번을 친구요 선생이요 안내자로 삼았다. 켈러는 설리번이 하라는 대로 했다. 켈러는 설리번이 가르치는 것을 배웠다. 켈러는 구원을 받았다. "그 살아 있는 단어가 내 영혼을 깨우고 내 영혼에 빛과 희망, 기쁨을 주었으며 내 영혼을 해방시켰다!"

이것이 깨달음이다.

예수님의
깜짝 시험

예수님의 제자들은 예수님의 학교에 있다. 제자라고 해서 거창하게 생각할 필요는 없다. 그냥 배우는 사람이다. 선생님은 예수님이다. 단, 예수님은 단순한 선생님이 아니다. 그분의 가르침은 우리를 구원하는 도구 가운데 하나다. 그분은 가르침을 통해 우리를 맹목과 절망, 분노, 죄, 고립의 삶에서 구원해 주신다.

하루는 예수님이 학생들을 물이 흐르는 곳, 가이사랴 빌립보로 데리고 가셨다. 헤르몬산에서 여리고로 흐르는 물로 유명한 곳이었

깨달음, 예수님이 믿었던 것을 나도 믿다

다. 그곳에서 예수님은 학생들에게 깜짝 시험을 내기로 결정하셨다. 깜짝 시험의 가치는 억지로 외웠다가 금방 잊어버리는 것이 아니라 얼마큼 아는지를 드러낸다는 것이다. 깜짝 시험은 아무런 사전 통보 없이 찾아온다. 어느 날 애인이 뜬금없이 묻는다. "앞으로 우리는 어떻게 되는 건가요?" 엘리베이터 안에서 사장이 느닷없이 묻는다. "일은 잘 진행되고 있나요?"

예수님의 가장 유명한 깜짝 시험은 이 질문으로 시작된다. "너희는 나를 누구라 하느냐?" 그분이 떠나신 지 2천 년이 지난 지금까지도 사람들이 여전히 이 질문과 씨름하고 있다는 사실은 실로 놀랍다.

당신은 어떻게 대답하겠는가? 이것이 시험이 아니고 당신의 답을 아무도 듣지 못한다면, '옳은 답'을 내놓아야 한다는 부담감이 전혀 없다면, 마음 깊은 곳에서 뭐라고 대답하겠는가? 그리스도인들은 이 질문에 옳은 답을 내놓는 사람들이고 비신자들은 이 질문에 그릇된 답을 내놓는 사람들이라는 생각이 그리스도인들 사이에 널리 퍼져 있다. 물론, 옳은 답인지 그릇된 답인지는 판단은 그리스도인들이 한다.

하지만 예수님은 이 질문에 그런 식으로 접근하시지 않았다. 예수님에 관한 우리의 생각은 이루 말할 수 없이 중요하지만, 많은 사람들이 생각하는 그런 이유는 아니다. 우리를 향한 하나님의 주된 목표는 우리가 옳은 답을 내놓을 수 있게 되는 것이 아니다. 우리가 하나님과 친밀해지는 것도 옳은 답을 통해서가 아니다. 하나님의 주된 목표는 그보다 더 깊다. 자, 이야기 속으로 들어가 보자.

이 깜짝 시험의 배경이 매우 중요하다. 가이사랴 빌립보는 이스라엘 북쪽 끝 국경 지대에 있었다. 그곳은 헤롯 빌립의 관할하에 있었다. 반면, 예수님의 사역 대부분은 헤롯 아그립바의 관할하에 있는 갈릴리에서 이루어졌다. 그런데 헤롯 아그립바는 동생 헤롯 빌립의 아내를 유혹해서 결혼했다. 헤롯 아그립바는 세례 요한을 죽이고 예수님까지 죽이려고 했던 인물이기도 하다. 헤롯 빌립과 헤롯 아그립바는 둘 다 헤롯대왕의 아들이다. 헤롯 아그립바가 동생에게서 빼앗은 아내는 사실 헤롯대왕의 손녀로, 이름은 헤로디아다(헤롯대왕은 그야말로 모든 후손의 이름을 자신의 이름을 따라 지었다). 세례 요한은 헤롯 아그립바에게 직언을 고했다. "제수씨를 유혹해서는 안 되오. 게다가 그녀는 당신의 조카이니 더더욱 안 될 일이오." 이것이 헤롯 아그립바가 요한의 목을 벤 이유 중 하나이며, 이후 예수님까지 쫓게 된 이유다.

상황이 이러니 헤롯 빌립은 헤롯 아그립바가 좋아하지 않는 사람이라면 무조건 좋아했다. 따라서 가이사랴 빌립보는 예수님께 안전한 곳이었다. 그곳에서는 예수님을 추적하는 자들이 없었다. 그런 만큼 그곳은 예수님이 진지한 대화를 나누기에 안성맞춤이었다.

하지만 그곳에서는 더 많은 상황이 벌어지고 있었다. 그곳에 도시가 세워진 이유는 바로 물이었다. 오늘날까지도 거대한 동굴과 그 근처를 흐르는 시원한 샘이 남아 있다. 역사가 요세푸스(Josephus)에 따르면, 고대에는 물이 워낙 많이 솟아나서 샘의 깊이를 재지 못할 정도였다고 한다. 당시에는 물이 워낙 귀했기 때문에 그곳은 신전들의 중심지가 되었다. 예수님이 태어나시기 수 세기 전, 그곳은 바알을 숭배하는 곳이 되었다. 지금도 그 지역에는 최소 열네 개의 바알 신전

깨달음, 예수님이 믿었던 것을 나도 믿다

유적이 남아 있다. 바알은 다산의 신이었기 때문에 바알 신전에서는 제사 때 사교적인 매춘과 인신공희가 이루어졌다.

가이사랴 빌립보는 바알 이후에는 헬라의 판(Pan) 신을 숭배했다. 판의 옛 이름은 파니온(Panion)이었다. 헬라인들은 판이 가이사랴 빌립보의 동굴에서 태어났다고 믿었다. 판은 반은 인간이고 반은 염소였으며, 그의 어머니는 그 모습이 역겨워 그를 버렸다. 그래서 판은 혼란 및 무질서와 결부되었다. 판은 적들을 '공포'(panic)에 빠뜨리고 '대혼란'(pandemonium)을 일으켰다.

지금도 그 동굴 주변으로 헤르메스와 에코 같은 이방 신들의 조상을 놓았던 자리들이 남아 있다. 이곳에는 제사로 희생된 인간들이 어떻게 죽은 자의 땅(헬라인들이 하데스라고 부른 곳)으로 보내지는지를 묘사한 푯말이 있다. 그리고 옛사람들이 이 동굴을 저승으로 가는 입구라고 믿어 "하데스의 문"으로 불렀다는 설명이 쓰여 있다.

가이사 아구스도는 이 도시를 헤롯대왕에게 하사했다. 이에 헤롯대왕은 그곳에 황제를 숭배하는 거대한 신전을 지었다. 헤롯 빌립은 그 도시를 물려받아 "가이사랴 빌립보"로 개명했는데, "가이사랴"는 가이사를 기린 것이고 "빌립보"는 자신을 기린 것이다. 무엇보다도 가이사랴 빌립보의 샘은 이스라엘에서 가장 중요한 강인 요단강의 주된 수원으로 여겨졌다. 알다시피 요단강은 하나님이 여호수아를 위해 가르셨던 강이며, 세례 요한이 예수님께 세례를 베풀었던 강이다.

인류는 항상 알고 싶어 했다. 우리의 이야기는 무엇인가? 우리의 하나님은 누구인가? 우리는 왜 여기에 있는가? 우리는 어디로 향하고 있는가?

예수님과 제자들이 이곳으로 온다. 어쩌면 동굴을 찾는 것인지도 모른다. 예수님은 이렇게 말씀하시는 듯하다. "모든 권력자들과 모든 종교적인 사람들이 탐구했던 모든 주장을 검토해 보라." 예수님은 안전한 질문으로 깜짝 시험을 시작하신다. "예수께서 빌립보 가이사랴 지방에 이르러 제자들에게 물어 이르시되 사람들이 인자를 누구라 하느냐"(마 16:13).

그러자 제자들은 자신 있게 대답한다. "더러는 세례 요한, 더러는 엘리야, 어떤 이는 예레미야나 선지자 중의 하나라 하나이다"(마 16:14). 당시 이스라엘 사람들은 하나님이 자신들의 영웅 중 한 명을 다시 보내 주시기를 희망하고 있었다.

예수님이 다시 물으신다. "너희는 나를 누구라 하느냐"(마 16:15).

마치 퀴즈쇼의 마지막 질문과도 같다. 부담감이 대단하다. 모두 고개를 푹 숙이고 있다. 첫 질문에는 모두 답을 알고 있었지만 이번 질문은 아리송하다. 여기서 잠시 멈춰 보자. 생각해 봐야 할 것이 많기 때문이다. 나는 예수님이 정말로 제자들이 자신을 어떻게 생각하는지 알고 싶어서 그렇게 물으신 것이라고 생각한다. 다시 말해, 그들은 그전까지 그분을 어떻게 생각하는지 말한 적이 없었다. 그들은 그분에 관해 막연한 생각만 갖고 있을 뿐이었다. 하나님, 생명, 삶, 하나님 나라에 관해서는 그분과 수없이 대화를 나누었다. 하지만 그분이 그분의 정체성에 관해 단도직입적으로 물으신 것은 이번

깨달음, 예수님이 믿었던 것을 나도 믿다

이 처음이었다.

사제 관계를 시작할 때 예수님은 "나에 관한 옳은 것들을 믿으면 내 제자가 될 수 있다"라고 말씀하시지 않았다. 예수님은 "나를 따르라 그러면 내 제자가 될 것이다"라고 말씀하셨다(마 4:18-19 참조). 다시 말해 "나를 따르면 나를 알게 될 것이다. 나를 따르지 않으면 너희가 나에 관해 무엇을 믿는지는 전혀 중요하지 않다."

예수님께 가장 중요한 것은 내가 그분에 관해 믿는 것이 아니라 그분을 따르는 것이다.

심상 지도가
바뀌다

많은 사람이 예수님과의 삶은 그분에 관한 특정한 믿음을 고백하면서 시작된다고 생각한다. 즉 그들은 '그분의 신성과 죽음에 관한 믿음이 외부인과 내부인을 가르는' 유계집합으로 기독교를 바라본다. 하지만 예수님은 그런 식으로 말씀하신 적이 없다. 예수님은 "나를 따르면 결국 옳은 것을 믿게 될 것이다"라고 하셨다. 예수님은 그분을 따르는 일을 삶의 '중심'으로 삼도록 만들기 위해 사람들을 부르셨다.

'솔직히 예수님께 확신이 서지 않아. 어떻게 인간이 신일 수 있어? 이렇게 의심하고 있으니 나는 밖에 있는 것인가?' 이렇게 고민하는 사람들에게는 희소식이 아닐 수 없다. 사실이 아니라고 생각하는 것을 믿으려고 억지로 노력하는 것이 '믿음'이라고 착각하는 사람이 많다. 《거울 나라의 앨리스》(*Through the Looking-Glass*)에서 앨리스가 하얀 여왕에게 "불가능한 걸 믿을 수는 없어요"라고 말한다. 그러자 여왕은 이렇게 대답한다. "그건 연습을 많이 하지 않아서 그렇다. 내가 너만 할 때는 하루에 30분씩 연습을 했지. 아니, 가끔은 아침도 먹기 전에 불가능한 걸 여섯 개나 믿었어."³ 하지만 믿음은 '억지로' 생길 수 있는 것이 아니다. 우리는 무엇을 진리로 생각하든 그 진리를 믿어야 한다. 깨달음은 예수님에 '관한' 특정한 것들을 믿는 것을 의미하지 않는다. 그것은 '예수님이 믿으시는 것'을 믿는 것이다.

또 다른 깜짝 시험에서 예수님은 제자들과 함께 배에 오르셨다. 이윽고 성난 풍랑이 몰려왔지만 예수님은 잠에서 깨실 줄 몰랐다. 결국 제자들이 예수님을 깨웠다. "주여 구원하소서 우리가 죽겠나이다"(마 8:25).

예수님이 바람을 꾸짖자 파도가 잠잠해졌다. 그러고 나서 예수님은 제자들을 "믿음이 작은 자들"로 부르며 은근히 꾸짖으셨다. "어찌하여 무서워하느냐"(마 8:23-26 참조).

풍랑 속에서 제자들이 예수님께로 갔다는 점을 눈여겨보아야 한다. 그들은 예수님이 뭔가 조치를 취하실 수 있을 거라고 생각했다. 하지만 예수님 곁에서 낮잠을 잘 만한 믿음은 없었다. 그들은 예수님이 믿으셨던 것을 믿지 않았다. 즉, 자신들이 어떤 경우에도 안전하다는 사실을 믿지 못했다.

리처드 헤이스(Richard Hays)는 지난 40년 내에 신약에 관한 가장

깨달음, 예수님이 믿었던 것을 나도 믿다

중요한 책 중 한 권을 썼다. 바로 *The Faith of Jesus Christ*(예수 그리스도의 믿음)이라는 책인데, 그 책에서 그는 주로 "예수 그리스도'에 대한' 믿음"으로 번역되는 표현을 "예수 그리스도'의' 믿음"으로 번역하는 것이 더 적절하다고 주장한다. 여기서 예수 그리스도의 믿음이란 예수님의 신실하심과 믿음 체계를 의미한다.[4]

내가 진짜로 무엇을 믿는지를 알기란 쉽지 않다. 예를 들어 보자. 몇 년 전 내 생일에 친구 대니(Danny)가 패러글라이딩을 시켜 주겠다며 나를 절벽으로 데려갔다. 대니는 날개가 얼마나 안전하고 줄이 얼마나 튼튼하며 고리가 얼마나 강한지를 일일이 설명하며 나를 안심시켰다. 절벽에서 멀리 떨어져 앉아 있을 때는 그의 말을 내가 믿는다고 생각했다. 그런데 막상 절벽 끝에 섰을 때 패러글라이딩이 안전하다는 내 믿음에 어떤 일이 일어났을까? 내 무릎과 손바닥과 겨드랑이는 그것을 믿지 않았다. 낭떠러지 아래에 떨어져 내 몸이 박살이 나는 모습이 자꾸만 그려졌다. 절벽이 가까워질수록 내 믿음은 약해져만 갔다.

믿음은 다음과 같은 두 가지 범주로 나눌 수 있다.

1. 절벽 끝에 서기 전까지 믿는다고 '생각했다가'
   절벽 끝에 서면 흔들리는 믿음.
2. 현실에 대한 나의 심상 지도.
   바로 이것이 내가 실제로 믿는 것이다.

우리는 결코 이 세상에 대한 우리의 심상 지도를 어기지 않는다. 우리는 언제나 이 심상 지도대로 움직인다. 예를 들어, 나는 중력을 믿는다. 내 행동은 '언제나' 중력에 대한 내 믿음을 반영한다. 중력에 관해 항상 '생각하지는' 않지만 중력에 대한 내 믿음이 세상을 바라보는 내 생각에 절대적인 영향을 미친다. 나는 중력을 거스르지 않는다. 그리고 중력에 대한 내 믿음은 나를 '구해 준다.' 그 믿음이 절벽 아래로 뛰어내리지 않게 해 준다.

내가 믿는 것이 정말로 사실인 것처럼 행동하는 것, 바로 이것이 진짜 믿음이다. 내 '행위'는 내가 무엇을 '정말로' 믿는지를 보여 준다. 현실에 대한 내 심상 지도를 보여 준다. 예수님의 형제 야고보가 믿음에 관해 다음과 같이 말했다.

> 내 형제들아 만일 사람이 믿음이 있노라 하고 행함이 없으면 무슨 유익이 있으리요 그 믿음이 능히 자기를 구원하겠느냐 만일 형제나 자매가 헐벗고 일용할 양식이 없는데 너희 중에 누구든지 그에게 이르되 평안히 가라, 덥게 하라, 배부르게 하라 하며 그 몸에 쓸 것을 주지 아니하면 무슨 유익이 있으리요 이와 같이 행함이 없는 믿음은 그 자체가 죽은 것이라(약 2:14-17).

이 구절은 큰 논란을 낳았다. 어떤 이들은 "옳은 것을 믿기만 하면 되는 줄 알았다"라며 혼란스러워한다. 어떤 이들은 야고보가 오직 믿음으로 구원을 받는다는 바울의 말에 반박한 것이라고 생각한다.

깨달음, 예수님이 믿었던 것을 나도 믿다

하지만 야고보는 단지 우리의 행위가 현실에 대한 우리의 심상 지도,
곧 믿음을 드러낸다는 점을 지적한 것이다.

야고보는 믿음이 있다고 주장하면서 가난한 사람을 돌보지는
않는 자들에게 이렇게 묻는다. "그 믿음이 능히 자기를 구원하겠느
냐"(약 2:14). 교회에 오래 다닌 사람이라면 '구원하는 믿음'이 매우 중
요한 성경적 개념이라는 점을 알 것이다. 그런데 많은 교인이 스스로
알든 모르든 구원하는 믿음을 "죽어서 천국에 들어가기 위해 믿어야
만 하는 최소량"으로 정의한다.

하지만 우리는 최소량을 믿도록 부름을 받지 않았다. 우리는 이
세상에 대한 예수님의 심상 지도, 즉 예수님의 믿음을 품도록 부름을
받았다. 구원하는 믿음은 천국에 들어가기 위한 최소량을 믿는 것이
아니다. 구원하는 믿음은 예수님이 믿으신 것을 믿고, 예수님이 보신
것을 보는 것이다. 그래서 예수님이 하신 대로 자연스럽게 하게 되는
것이다.

이전 구절에서 야고보는 이런 식으로 말했다. "우리 주 예수 그
리스도'의' 믿음을 차별대우와 결부시키지 마라"(약 2:1 참조). 이 구절
또한 "예수님'에 대한' 믿음"으로 자주 번역한다. 하지만 사실은 "예수
님'의' 믿음"으로 번역하는 것이 가장 자연스럽다. 이 구원하는 믿음
에는 영광스럽게 변화된 망상활성계(Reticular Activating System)가 포함된
다. 이 새로운 망상활성계는 빈부나 피부색, 생김새, 나이, 귀천에 상
관없이 모든 사람을 하나님의 형상을 품은 자로 대할 줄 안다. 이 새
로운 망상활성계는 부촌을 보며 "하나님, 제가 어떻게 더 취할 수 있

습니까?"라고 묻기보다는 빈민가를 보며 "하나님, 제가 어떻게 도울 수 있겠습니까?"라고 묻는다.

'구원하는 믿음'은 그 믿음의 소유자에게만 복된 소식이 아니다. 그것은 가난한 자들에게도 복된 소식이다. 고아와 과부들에게도 복된 소식이다. 인신매매를 당한 사람들에게도 복된 소식이다. 괴롭힘을 당하는 사람들에게도 복된 소식이다. 굶주린 사람들에게도 복된 소식이다. 난민들에게도 복된 소식이다. 구원하는 믿음은 사람들이 이렇게 말하게 만든다. "여기 내 시간이 있소. 내가 섬기겠소." "여기 내 돈이 있소. 이 돈을 가져가시오." "여기 내 삶이 있소. 내 삶을 다 바쳐 당신을 돌보겠소."

어려운 사람들을 비롯해서 모든 사람을 돌보시는 사랑의 아버지를 두었다는 사실이 입으로 고백하는 신조에서 현실에 대한 심상 지도로 발전했다. 이제 그들은 그 사실을 중력처럼 실제로 믿는다. 그 믿음은 단순히 그들을 구원해 주기만 하는 것이 아니라 세상 구원을 위한 하나님의 도구가 된다. 이것이 깨달음이다.

깨달음은 예수 그리스도의 믿음을 품는 것이다. 그분이 믿었던 것을 믿는 것이다. 그래서 우리의 심상 지도가 바뀌는 것이다. 그래서 그분의 제자로서 그분이 사셨던 대로 살기 시작하는 것이다. 그분은 "참빛"으로 불리셨다(요 1:9). 구원하는 믿음은 남들이 우리의 선행을 보고 하늘에 계신 우리 아버지께 영광을 돌릴 정도로 우리의 빛이 환하게 빛나게 해 준다(마 5:16 참조).

깨달음, 예수님이 믿었던 것을 나도 믿다

예수님이 제자들을 가이사랴 빌립보의 물가로 데려가신 것은
이 믿음, 이 심상 지도를 만들어 내기 위해서였다. 예수님은 그분에
'관한' 것들을 고백하는 사람들이 아니라 빛의 자녀들을 탄생시키고
자 하셨다.

자, 예수님의 깜짝 시험으로 돌아가 보자. 예수님은 백만 달러
짜리 질문을 던지셨다. "너희는 나를 누구라 하느냐?" 이전 질문에 대
한 답들은 쉽게 나왔지만 이번 질문에서는 단 한 명만 대답한다.

> 시몬 베드로가 대답하여 이르되 주는 그리스도시요 살아 계신
> 하나님의 아들이시니이다 예수께서 대답하여 이르시되 바요나
> 시몬아 네가 복이 있도다 이를 네게 알게 한 이는 혈육이
> 아니요 하늘에 계신 내 아버지시니라 또 내가 네게 이르노니
> 너는 베드로라 내가 이 반석 위에 내 교회를 세우리니 음부의
> 권세가 이기지 못하리라 내가 천국 열쇠를 네게 주리니 네가
> 땅에서 무엇이든지 매면 하늘에서도 매일 것이요 네가 땅에서
> 무엇이든지 풀면 하늘에서도 풀리리라 하시고(마 16:16-19).

베드로가 어떤 기분을 느꼈을지 상상해 보라. 베드로가 뭐라고
말했는가? "주는 그리스도시요." "그리스도"가 예수님의 성이라고, 즉

예수님이 그리스도 가문 출신이라고 생각하는 사람들이 더러 있는데 전혀 아니다. '그리스도'는 메시아 곧 기름부음 받은 자를 의미하는 헬라어다. "주는 …… 살아 계신 하나님의 아들이시니이다." 그곳에는 다른 신들이 많았다. 동굴을 둘러보라. 그 신들의 아들도 수두룩했다. 하지만 그중 살아 있는 신은 하나도 없었다.

물론 베드로가 이해하지 못하는 것은 아직도 '많았다.' 하지만 하나만큼은 분명히 알았다. "당신이 바로 그분이십니다. 당신이 온 세상이 기다려 온 그분이십니다. 당신이 바로 그분이십니다." 빛이 번쩍하며 깨달음이 찾아온다. 하와이 피진 영어(Hawaiian Pidgin) 역본은 이 구절을 아주 멋지게 번역한다. "시몬 베드로가 대답하여 이르되 주는 하나님이 보내신 특별한 분인 그리스도십니다. 정말로 살아 계신 하나님, 주는 바로 그분의 아들이십니다."[5]

특이하게도 예수님은 "시몬, 정답이다"가 아니라 "네가 '복'이 있도다"라고 말씀하신다. 보통 학교에서 선생님은 정답을 맞힌 학생에게 "복이 있도다"라고 말하지 않는다. 예수님께 "복이 있도다"는 중요한 표현이다. 예수님은 산상수훈의 팔복 설교에서 이 표현을 사용하셨다. "심령이 가난한 자는 복이 있나니 …… 애통하는 자는 복이 있나니 …… 온유한 자는 복이 있나니"(마 5:3-12 참조). 예수님을 통해 지금 바로 하나님 나라(하나님의 임재, 능력, 용서, 사랑 안에서의 삶)를 누릴 수 있는 자는 복이 있나니.

이제야 비로소 예수님에 관해 아는 것이 중요해진다. 왜냐하면 이제 예수님의 말씀이 사실인지 아닌지 고민할 필요가 없어졌기 때

깨달음, 예수님이 믿었던 것을 나도 믿다

문이다. 이제 어떤 길이 옳은 길인지 고민할 필요가 없어졌다. 이제 베드로는 예수님의 나라에서 점점 더 강해져 가는 확신과 빛 가운데 그분과 함께 살 수 있다.

베드로는 예수님 안에서 새로운 정체성을 얻었다. 베드로에 해당하는 헬라어 '페트로스'(petros)는 '반석'을 뜻한다. "너는 더 이상 불안정하고 충동적인 시몬이 아니다. 이제 너는 반석처럼 단단하다." 베드로는 새로운 권위를 얻었다. "여기 열쇠가 있다. 내 아버지에게서 받은 열쇠다. 이제 너는 안으로 들어갈 수 있다. 남들도 안으로 들어오게 도울 수 있다. 이것이 너의 새로운 사명이다."

베드로는 새로운 확신을 얻었다. "음부의 권세가 이기지 못할 것이다. 음부는 저기에 있다. 내가 죽은 자의 땅에 갔다가 돌아올 것이다. 그러니 더 이상 죽는 것에 관해 걱정할 필요가 없다." 깨달음의 순간, 새로운 세상의 현실이 내 존재의 깊은 곳에서 내 앞에 활짝 열린다. 이것은 우리가 흔히 말하는 종교적 믿음보다 훨씬 더 깊은 차원이다.

이야기는 여기서 끝나지 않는다. 이 시험은 두 부분으로 이루어져 있다. 예수님의 시험은 언제나 두 부분으로 이루어져 있다.

> 이때로부터 예수 그리스도께서 자기가 예루살렘에 올라가
> 장로들과 대제사장들과 서기관들에게 많은 고난을 받고
> 죽임을 당하고 제삼일에 살아나야 할 것을 제자들에게 비로소
> 나타내시니 (마 16:21).

제자들로서는 너무도 이상한 말씀이요, 전혀 예상치 못한 말씀이다. 이번에도 베드로가 나선다. "베드로가 예수를 붙들고 항변하여 이르되 주여 그리 마옵소서 이 일이 결코 주께 미치지 아니하리이다"(마 16:22).

"베드로가 예수를 붙들고." 베드로가 예수님을 붙들고 한쪽으로 모셔 가는 광경을 상상해 보라. "보세요, 주님, 제자들 앞에서 망신을 시켜 드리고 싶지 않아요. 그런 부정적인 생각은 제발 그만하세요. 그렇지 않으면 제자들이 크게 낙심할 거예요. 주님 돌아가시는 걸 보자고 제가 방금 고백을 한 게 아닙니다. 우리 편이 이겨야 해요."

하지만 예수님은 격하게 반응하신다. "사탄아 내 뒤로 물러가라 너는 나를 넘어지게 하는 자로다 네가 하나님의 일을 생각하지 아니하고 도리어 사람의 일을 생각하는도다"(마 16:23).

"저는 바위라는 별명이 더 좋은데요. 사탄이라는 별명은 취소해 주실 수 없나요?" 이제 베드로의 머릿속은 빙빙 돌기 시작한다. '아니 아까는 내가 바위여서 내 위에 교회를 세울 거라고 하시더니 이제 나더러 사탄이라며 뒤로 물러가라고?'

이 땅에서 예수님의 주된 도구는 교회다. 이 땅에서 예수님의 주된 문젯거리는 교회다. 옳은 답을 받아 들고도 여전히 그릇된 사람이 될 수 있다. 예수님의 동생 야고보는 이 점을 잘 알았다. "네가 하나님은 한 분이신 줄을 믿느냐 잘하는도다 귀신들도 믿고 떠느니라"(약 2:19).

깨달음은 단순히 옳은 답을 아는 것을 의미하지 않는다. 깨달음

깨달음, 예수님이 믿었던 것을 나도 믿다

은 '볼' 수 있게 된 것을 의미한다. 헬렌 켈러에게 깨달음의 순간은 갑자기 물의 느낌이 선생님의 설명과 하나로 연결된 순간이었다. "이제 보인다! 이제 알겠어!" 그 순간, 그녀 앞에 새 세상이 열렸다.

깨달음은 새로운 심상 지도를 얻는 것이다. 제자들은 예수님의 생전에, 심지어 그분이 죽고 부활하신 뒤에도 계속해서 이 깨달음을 새롭게 경험했다.

- "이제 보인다. 하나님이 사마리아인까지도 사랑하신다는 사실이 보여."
- "이제 보인다. 받는 것보다 주는 것이 더 복되다는 사실이 보여."
- "보리떡과 물고기 덕분에 이제 보인다. 하나님 안에서는 적은 것이라도 많은 것이라는 사실이 보여."
- "이제 보인다. 내 하나님이 풍랑보다 강하시다는 사실이 보여."
- "로마 백부장 고넬료 덕분에 이제 보인다. 하나님께는 편애가 없다는 사실이 보여."

깨달음은 순종함으로써 찾아온다. 옳은 정보도 필요하지만 그 것만으로는 부족하다. 베풂이 선하다는 사실을 머리로 알 수는 있지만 실제로 베풀 때 깨달음이 찾아온다. 베풂에서 오는 기쁨과 능력, 나아가 나를 향한 하나님의 공급하심을 분명하게 경험하고, 재물을 쌓는 것보다 후히 베풀 때 오히려 더 많은 감사가 솟아난다는 것을 경험할 때 깨달음을 얻는다. 깨달음은 순종을 통해 찾아온다. 이것이 예수님이 계속해서 제자들에게 이렇게 말씀하신 이유다. "누구든지 나를 따라오려거든 자기를 부인하고 자기 십자가를 지고 나를 따를 것이니라 누구든지 제 목숨을 구원하고자 하면 잃을 것이요 누구든지 나를 위하여 제 목숨을 잃으면 찾으리라"(마 16:24-25).

예수님은 종교적으로 옳은 답만 추구하는 사람들을 원하시지 않는다. 바로 그런 사람들이 예수님을 죽였다. 예수님은 옳은 답을 내놓는 사람들이 아닌 생명을 주는 사람들을 원하신다. 깨달음에는 내적 차원과 외적 차원이 있다. 내 마음이 깨달음을 얻는다. 그런데 그 결과로 내 삶이 다른 누군가에게 빛의 근원이 된다. 설리번 선생님이 헬렌 켈러에게 빛이 되었던 것처럼, 그리고 나중에는 헬렌 켈러가 어둠 속에서 사는 수많은 사람들에게 빛이 되었던 것처럼. 이사야는 깨달음의 이 '외적인' 차원을 축하했다.

> 일어나라 빛을 발하라 이는 네 빛이 이르렀고 여호와의 영광이 네 위에 임하였음이니라 보라 어둠이 땅을 덮을 것이며 캄캄함이 만민을 가리려니와 오직 여호와께서 네 위에 임하실 것이며 그의 영광이 네 위에 나타나리니 나라들은 네 빛으로, 왕들은 비치는 네 광명으로 나아오리라 네 눈을 들어 사방을 보라 무리가 다 모여 네게로 오느니라 네 아들들은 먼 곳에서 오겠고 네 딸들은 안기어 올 것이라 그때에 네가 보고 기쁜 빛을 내며(사 60:1-5).

깨달음, 예수님이 믿었던 것을 나도 믿다

일어나라(깨어나라). 빛을 발하라. 구체적으로 어떻게 해야 할까? 예수님은 이렇게 말씀하셨다. "너희는 세상의 빛이라 …… 너희 빛이 사람 앞에 비치게 하여 그들로 너희 착한 행실을 보고 하늘에 계신 너희 아버지께 영광을 돌리게 하라"(마 5:14-16).

우리는 빛의 자녀가 되기 위한 학교에 있다. 우리의 목표는 선한 일을 더 열심히 하는 것이 아니다. 빛의 자녀가 되기 위해서는 성령께 우리 자신을 열어야 한다. 영적 훈련을 통해 평소 어두워져 있는 우리의 생각과 바람을 진리 충만한 생각과 바람으로 바꾸어야 한다. 예수님의 공동체 안팎에 있는 사람들과 관계를 맺어야 한다. "너희가 전에는 어둠이더니 이제는 주 안에서 빛이라 빛의 자녀들처럼 행하라 빛의 열매는 모든 착함과 의로움과 진실함에 있느니라"(엡 5:8-9).

"너희는 나를 누구라 하느냐?" 예수님은 "그들의 영혼을 깨우고 그들에게 빛과 희망, 기쁨을 주었으며 그들을 해방시킨 살아 계신 말씀"이시다. 그들의 삶에서 가장 중요한 날은 선생님이 오신 날이었다. 그날 더없이 다른 두 시대가 하나로 연결되어 그들 안에 경이감을 가득 채웠다. 그날은 그들에게만 중요한 날이 아니었다. 지금 우리가 사용하는 달력 자체가 그분이 오신 날을 기준으로 두 시대로 나뉜다. "참빛 곧 세상에 와서 각 사람에게 비추는 빛이 있었나니"(요 1:9). 하지만 더 많은 빛과 새로운 배움을 향한 우리의 열정은 식을 줄 모른다. 우리의 선생님이신 예수님은 첫 제자들에게 해 주셨던 것처럼 우리가 사는 내내 우리를 깨우쳐 주실 것이다.

예수님의 마지막 깜짝 시험은 그분이 돌아가시기 전날 밤에 치러졌다. 그때 예수님이 물으셨다. "발을 씻어 줄 사람은 누구냐?"

제자들이 서로를 쳐다본다. "모르겠습니다."

그러자 예수님이 대답하신다. "바로 나다. 내 나라에서는 종이 위대한 자다."

발에 물을 끼얹는 소리가 들려오고, 빛이 번쩍하면서 깨달음이 찾아온다. "다들 신을 벗어라. 이건 요한의 발이구나. 이건 안드레의 발이고. 시몬, 네 발이지? 나는 발만 봐도 너희를 알아본다."

깨달음, 예수님이 믿었던 것을 나도 믿다

7 연합,
예수의 손가락과
근육과 세포로 살다

궁극적인 삶의 목표

내가 그리스도와 함께 십자가에 못 박혔나니
그런즉 이제는 내가 사는 것이 아니요
오직 내 안에 그리스도께서 사시는 것이라
- 갈 2:20

베드로가 예수님과 마지막으로 친밀한 대화를 나눈다. 십자가 사건은 과거의 일이다. 예수님을 한 번도 아니고 세 번이나 부인했던 일은 끔찍한 기억으로 남아 있다. 이후에 일어난 부활은 큰 기쁨과 두려움, 혼란을 동시에 가져왔다. 베드로와 다른 제자들은 호수에 물고기를 잡으러 간다. 본문은 일부러 이것이 베드로의 아이디어라고 명시한다. 부활이 일어났어도 지난 실패가 너무 뼈아파서, 인생의 목적과 예수님과의 깨진 관계를 회복할 희망을 잃어버려서 옛 정체성과 옛 삶으로 다시 돌아가려는 것일까? 인생은 돌고 돈다.

한 낯선 남자가 해변에 서 있다. 남자는 제자들에게 물고기를 좀 잡았는지 묻는다. 제자들은 물고기를 구경도 못했다며 한숨을 쉰다. 남자는 배 오른편에 그물을 던지라고 조언한다. 그 말대로 하니 물고기가 너무 많이 잡혀 그물이 찢어지기 시작한다. 요한이 가장 먼저 눈치를 챘다. 인간 어군 탐지기가 돌아왔다. 인생은 돌고 돈다.

이 기적이 처음 나타났을 때 베드로는 바짝 엎드려 예수님께 떠나가시라고 애원했다. 하지만 이번에는 오히려 어서 빨리 그분께 다가가고 싶은 마음뿐이다. 누가 충동왕 아니랄까 봐 베드로는 옷을 입은 채로 당장 물에 뛰어내려 배보다도 먼저 예수님께 헤엄쳐 간다.

베드로가 해변에 도착했을 때 예수님은 숯불 앞에서 아침 식사로 생선과 빵을 굽고 계신다. 베드로가 예수님을 세 번 부인했던 것이 바로 숯불 앞이건만. 냄새는 그 어떤 감각보다도 강하게 옛 기억을 불러온다고 한다.[1] 예수님이 불로 시작하신 것, 혹은 요한복음이 굳이 이 사실을 기록한 것은 우연이 아니다. 베드로는 자신이 예수님과 소원해진 상태라는 사실을 떠올린다.

아침 식사 후에 예수님이 베드로에게 말씀하신다. 그런데 이상하게도 정식 이름으로 부르신다. "요한의 아들 시몬아." 예수님은 귀에 익은 애칭을 사용하시지 않는다. '반석' 베드로도, 그냥 시몬도 아닌 "요한의 아들 시몬"이라니 이건 관계가 서먹해졌을 때 나오는 부름이다. 그 순간 베드로는 이제 예수님과의 친밀함은 완전히 물 건너간 것이 아닌가 하고 생각했을지 모른다. "요한의 아들 시몬아 네가 이 사람들보다 나를 더 사랑하느냐"(요 21:15).

가슴 시린 질문이다. 영화 〈지붕 위의 바이올린〉(Fiddler on the Roof)에서 주인공 테비에가 아내 고르데와 함께 앉아 심란한 얼굴로 새로운 세상에 관한 상념에 잠겨 있다. 중매인이 짝지어 주는 대로 결혼하지 않고 단순히 사랑한다는 이유로 결혼하려는 딸을 도무지 이해할 수 없다. 그러다가 문득 한 가지 질문이 떠오른다. 테비에는 그 답지 않게 살짝 수줍어하며 묻는다.

"여보, 나를 사랑해?"

"뭘 하냐고요?"

테비에가 다시 묻지만 아내는 이번에도 대답을 회피한다. 하지만 아름다운 음악이 흐르며 두 사람은 서로가 서로를 사랑한다는 사실을 깨닫는다. "그래 봐야 바뀌는 건 없겠지만 그래도, 25년을 같이 살았으니, 알면 좋지 뭐."

바뀌는 게 없다고? 천만의 말씀이다. 사랑은 '모든 것'을 바꿔 놓는다. 인간이 하나님을 사랑할 수 있을까? 인간이 하나님과 친밀한 관계를 누릴 수 있을까? 죽을 수밖에 없는 존재가 무한한 분과의 연합(union)을 경험할 수 있을까?

예수님이 베드로에게 이 질문을 던질 때 약간 수줍어하시지 않았을까 상상해 본다. 마치 수줍은 사춘기 소년처럼, 마치 소원하게 지내던 아들과 마주한 아버지처럼, 마치 고르데에게 말하는 테비에처럼. "베드로야, 나를 사랑하니?"

베드로가 대답한다. "예, 주님."

"요한의 아들 시몬아 네가 나를 사랑하느냐."

예수님이 다시 묻고, 베드로는 이유가 뭘까 궁금해 한다.

베드로가 다시 대답한다. "그러하나이다 내가 주님을 사랑하는 줄 주님께서 아시나이다"(요 21:16).

세 번째 질문이 날아오자 베드로는 처음에는 살짝 마음이 상한다. 예수님이 나를 믿지 못하시는 건가? "주님 모든 것을 아시오매 내가 주님을 사랑하는 줄을 주님께서 아시나이다"(요 21:17).

이어서 두 사람은 베드로의 미래에 관한 이야기를 나눈다. 베드로가 어떤 고난을 받을 것인가? 하나님이 예수님의 고난을 사용하셨듯이 베드로의 고난을 어떻게 사용하실 것인가? 그런 이야기를 나눈

연합, 예수의 손가락과 근육과 세포로 살다

다. 베드로는 자신이 기회를 세 번이나 날렸다는 것을 기억해 낸다. 어느 숯불 앞에 예수님께 사랑을 표현할 기회를 세 번이나 놓치고 부인으로만 일관했다는 것을 당장은 아니더라도 나중에는 기억해 낸다.

십자가. 고통. 부활. 희망.

숯불 앞에서 예수님께 사랑을 표현할 기회가 다시 세 번 찾아온다. 그리고 이번에는 제대로 해낸다. 인생은 돌고 돈다. 제자들과의 시간이 끝날 무렵 예수님은 다시 한 번 베드로에게 말씀하신다. 그것은 그 옛날 그에게 처음 하셨던 말씀이다. "나를 따르라"(요 21:19). 이 말씀에서 예수님은 우리의 영적 삶에 끝은 없다는 점을 보여 주신다. 우리가 살아 있는 한, 예수님을 향한 여행은 끝나지 않는다. 우리는 깨어나고 정화되고 깨달음을 얻고 연합을 경험하고 나서도 어느 순간 다시 깨어나야 한다. 인생은 돌고 돈다.

하지만 이렇게 끊임없이 이보전진 일보후퇴를 하는 가운데서도 우리는 한없이 초월적이고 위대한 뭔가를 향해 꾸준히 가고 있다. 바로, 하나님과의 연합을 향해 가는 것이다. "네가 나를 사랑하느냐?" 베드로는 이 만남 이후로 예수님을 얼마 보지 못하겠지만 그분과 전혀 새로운 차원의 친밀함을 누릴 것이다. 마치 그리스도와 '함께' 있는 정도가 아니라 아예 그분 '안에' 있는 것 같은 경험을 하게 될 것이다. 혹은 그리스도가 그의 안에 거하시거나.

내 안에
거하라

알코올 의존자 모임의 탄생에서 가장 중요한 순간 중 하나는 칼 융(Carl Jung)의 한 환자와 관련이 있다. 그 환자는 자신의 알코올 중독이 다 치료되었다고 생각하고 미국으로 돌아가는 배에 올랐지만 결국 그 배 안에서 다시 만취하고 말았다. 융은 훗날 유명해진 한 편지에서 이 못 말리는 욕구에 관한 이야기를 했다. "그[롤랜드 W]의 술 욕구는 비록 낮은 차원이긴 하지만 온전함을 향한 우리 존재의 영적 갈망과 맥을 같이 한다. 여기서 온전함은 중세 언어로 표현하면 하나님과의 연합이다."[2]

그런 의미에서 술에 해당하는 라틴어가 하나님을 표현할 때도 사용하는 "스피리투스"(spiritus)인 것은 우연이 아닐지도 모른다. 심지어 영어에서도 술을 "스피리츠"(spirits)라고 부른다. 술은 사람들과 연결된 느낌을 만들어 내는 이상한 능력을 갖고 있다. 물론 술은 만족 직전까지만 가게 해 줄 뿐이다. 그래서 술은 아무리 마셔도 결국은 공허해질 뿐이다.

"누구든지 목마르거든 내게로 와서 마시라 …… 이는 그를 믿는 자들이 받을 성령을 가리켜 말씀하신 것이라"(요 7:37, 39). 우리 모두는 성령을 갈망한다. 우리 모두는 하나님과의 연합을 갈망한다. 예수님은 제자들과의 마지막 날 밤 하나님과의 살아 있는 연합을 가르치셨고, 이 가르침은 2천 년이 지난 지금까지도 이어져 오고 있다. 이 가

연합, 예수의 손가락과 근육과 세포로 살다

르침은 하나의 비유와 하나의 초대로 구성되어 있다. 비유는 "나는 포도나무요 너희는 가지니"이며, 초대는 "내 안에 거하라"다. 우리가 이 비유를 이해하고 온 마음과 뜻을 다해 이 초대를 받아들이면 하나님과의 연합을 경험할 수 있다. 예수님은 분명 그렇게 말씀하셨다. 생명은 오직 어딘가에 거함으로써만 가능하다. 노벨 물리학상을 수상한 에르빈 슈뢰딩거(Erwin Schrödinger)의 말을 들어 보자.

> 생명의 결정적인 특징은 무엇인가? 언제 물질이 살아 있다고 말하는가? 그것은 계속해서 '뭔가를 할' 때, 계속해서 움직일 때, 주변 환경과 계속해서 물질을 주고받을 때, 비슷한 환경에서 무생물이 '계속 움직일' 수 있는 시간보다 더 오래 그렇게 할 때다.[3]

조약돌을 땅에 묻어 봐야 아무런 일도 일어나지 않는다. 하지만 씨앗을 땅에 묻으면 땅속의 뭔가가 씨앗 속의 뭔가에 "뿌리를 내라"고 말한다. 그래서 씨앗이 뿌리를 내면 토양에서 영양분 곧 생명을 흡수하게 된다. 그다음에는 땅 위에 있는 뭔가가 씨앗 속의 뭔가에 "올라오라"고 말한다. 그러면 그 작은 씨앗이 땅 아래에서 땅 위로 줄기를 내보낸다. 이제 그것은 더 이상 씨앗이 아니다.

내가 아는 생명의 정의 중에서 최고는 이것이다. 생명은 "환경과 접촉해 거기서 뭐든 자신의 생존과 확장, 발전에 필요한 것을 선택적으로 흡수하는 능력"이다.[4] 살아 있는 것은 자신을 초월한 뭔가와 상호작용하여 자신의 향상과 성장, 생산에 필요한 것을 흡수하는 능력을 갖고 있다. 인간에게도 자신을 초월한 뭔가와 상호작용할 필요성과 능력이 있는데, 인간의 경우에는 단순히 물질적인 차원에서만 그런 것이 아니다. 물론 우리도 음식과 물, 잠이 필요하다. 하지만 우리는 거기서 멈추지 않고 의미에 대한 욕구, 사랑하고 사랑받는 것에 대한 욕구도 갖고 있다. 이것이 없으면 우리 영혼은 물 없는 포도나무처럼 시들어서 죽고 만다. 우리의 영혼은 어딘가에 거해서 거기로부터 영양분을 공급받아야 한다.

우리의 속사람은 어딘가에 거한다. 우리의 속사람이 한곳에 오래 거하면 그곳에 눌러앉아 그곳의 영향을 받는다. 우리는 두려움 안에 거할 수도 있다. 야망이나 분노, 정욕 안에 거할 수도 있다. 아니면 하나님 안에 거할 수도 있다. 그곳이 어디든 우리가 거하는 곳을 '집'이라 부른다. 집은 우리가 소속감과 안정감을 느끼는 곳이다. 하지만 집은 단순한 건물이 아니다.

아내와 나는 중서부에 살 때 지독히 추운 그곳에서 평생을 살아온 맥스, 에스더 부부와 이야기를 나눈 적이 있다.

"살 곳이 많은데 왜 굳이 이곳에서 사세요?"

내가 묻자 맥스 할아버지는 할머니의 어깨를 살짝 치며 말씀하셨다. "어디든 아내가 있는 곳이 내 집이라오."

예수님은 제자들에게 "내 안에 거하라"라고 지시하는 자리에서 "나를 사랑하면 내 말을 지키리니"라는 말씀도 하신다(요 14:23). 예수님에 대한 순종이 은혜의 춤이 되는 것은 그리스도 안에 거할 때, 즉

연합, 예수의 손가락과 근육과 세포로 살다

그리스도와 연합할 때 이루어진다. 연합할 때 서로 말하는 것을 넘어 터치하게 된다. 하지만 그리스도와의 연합은 단순히 그분을 가깝게 느끼는 것이 아니다. 그것은 내 뜻이 항복함으로 그분의 뜻과 연합되는 것이다.

예수님은 계속해서 말씀하신다. "내 아버지께서 그를 사랑하실 것이요 우리가 그에게 가서 거처를 그와 함께하리라"(요 14:23). 사랑하면 순종하게 되고, 순종하면 '집'을 합친다. 하나님은 우리 마음을 그분의 집으로 삼고자 하신다. 또한 하나님은 그분의 마음을 우리가 집으로 삼기를 원하신다. 마더 테레사(Mother Teresa)가 "현대의 유행병"이라고 말한 외로움에서 하나님은 우리를 구해 주신다. 하지만 구원은 단순히 '무언가로부터'의 구원이 아니다. '무언가에로의' 구원이기도 하다. 우리 외로움의 깊이는 우리에게 필요한 연합의 높이를 보여 주는 지표다.

우리는 다른 사람들이 우리를 외로움에서 구해 줄 수 있다고 착각하곤 한다. 육체는 육체를 만질 수 있지만 단순한 육체적 접촉으로는 영혼의 외로움이 가실 수 없다.

"소테르"(구세주라는 뜻)는 고대 그리스·로마 문화에서 흔히 사용하던 용어였다. 주로 백성들의 희망이 되는 군대 영웅이나 치료자, 왕을 표현할 때 사용했다. 수많은 사람이 그 호칭을 얻었다. 하지만 신약에서는 그것을 별로 사용하지 않는다. 하나님과 예수님에 대해 각각 18번과 16번만 사용될 뿐 그 외에는 아무에게도 사용되지 않는다.[5] 그렇다. "구원하심이 보좌에 앉으신 우리 하나님과 어린양에게 있도다"(계 7:10).

우리가 외부 환경에서 구원을 찾곤 하지만 구원의 주된 역할은 내적 작업이다. 우리는 '안에서' 벌어지는 상황에서 구원을 받아야 한다. 그리고 내가 알기로 "내 안에 거하라"라고 말한 '소테르'는 단 한 분밖에 없다. 가이사(시저)는 그런 말을 한 적이 없다. 알렉산더대왕은 그런 말을 한 적이 없다. 오직 예수님만 그런 말씀을 하셨다.

그리스도와의 연합, 곧 그리스도 안에 거하는 것은 그분이 우리 정신 속에 늘 계셔서 언제라도 우리에게 생각을 전하실 수 있다는 뜻이다. 인간의 본질은 그 무엇보다도 정신, 곧 의식의 끊임없는 흐름이다. 우리의 정신이 중요한 것은 우리가 정신을 통해 현실과 접촉하기 때문이다. 예를 들어, 망치로 손가락을 때리면 우리 정신이 그 현실을 감지한다. 우리의 가장 큰 자유는 무엇을 생각할지 통제할 수 있는 자유다. 늘 하나님을 생각하는 것이 근심과 두려움, 후회에서 해방될 길이다.

그리스도와의 연합은 그분이 늘 우리의 뜻 안에 계셔서 내가 하루 종일 그분의 뜻에 항복할 수 있다는 뜻이다. 바울은 "내가 그리스도와 함께 십자가에 못 박혔나니"라고 말한다(갈 2:20). 내 뜻을 그리스도 앞에 내려놓으면 지치지 않고 늘 힘이 솟는다. 하나님과의 연합을 위해 우리를 창조하셨으므로 우리의 뜻 또한 하나님께 내려놓는 것이 마땅하다.

랜킨 윌본은 "영으로 우리 안에 거하시는 그리스도는 우리가 변할 수 있고 변할 것이라는 확실한 보장이다"라고 말했다.[6] 장 칼뱅은

연합, 예수의 손가락과 근육과 세포로 살다

그리스도와 연합할 가능성이 있다는 사실이 단순히 대속을 믿는 것만으로 충분하지 않은 이유라고 말했다. "그리스도가 우리 밖에 계셔서 우리가 그분과 분리되어 있는 한, 그분이 인류의 구원을 위해 고난을 받고 행하신 모든 것이 우리에게 소용이 없고 아무런 가치가 없다."[7]

연합이 무엇인지 이해하기 위해서는 먼저 무엇이 연합이 아닌지를 알아야 한다. 연합은 자기(self)가 소멸되는 것이 아니다. 또한 연합은 자기만족도 아니다. 하나님과 연합한다고 해서 자기를 잃는 것은 아니다. 자기가 소멸되는 것이 아니다. 휴스턴 스미스의 책 《세계의 종교》(The World's Religions, 은성 역간)에 따르면, 부처의 가르침 가운데 하나는 영혼이란 것은 없으며 '자기'는 환상이라는 것이다.[8] 불교에서는 자기와 신의 '연합'을, 물 한 컵을 바다에 쏟는 것에 비유하곤 한다. 그렇게 자기는 더 이상 따로 존재하지 않고 훨씬 더 큰 무언가로 완전히 통합된다.

이런 이미지의 문제점은 물 한 컵은 우연히 있는 것으로, 아무런 정체성도 인격도 가지지 않는다는 것이다. 아무도 자신의 물 한 컵에 이름을 붙이지 않는다. 하지만 기독교에서 인간은 각자 의지와 정체성을 가진 독특한 존재다. 우리 부부에게는 세 명의 자녀가 있고, 우리는 그들이 우애 있게 지내기를 원한다. 하지만 내가 그들을 하나의 멋진 존재로 융합시켰다가는 아내에게 혼쭐이 날 것이다. 내가 분리된 상태를 유지해야 계속해서 하나님을 섬기고 사랑하는 일에 나자신을 드릴 수 있다.

하나님과의 연합은 수동적인 삶을 의미하지 않는다. 아무런 갈망도 노력도 없는 수동적인 행복이 아니다. 또한 하나님과의 연합은 자기만족도 아니다. 작가 아인 랜드(Ayn Rand)는 "뜻의 승리"에 관한 글에서 모든 상황에서 자신의 뜻을 밀어붙이는 용감한 개인주의자를 치켜세웠다. 그녀에 따르면 우리는 피도 눈물도 없는 "권력에의 뜻"을 품어야 한다.

다른 사람과 연합을 하려고 하는 동시에 자기만족을 원하면 문제가 발생한다. 둘 중 누구의 뜻이 이길 것인가? 남녀가 결혼을 하면 목사는 "둘이 하나가 되길 바랍니다"라고 말한다. 하지만 둘 중 '누구로' 하나가 되어야 하는가? 나는 '나'로 하나가 되길 원한다. 하지만 하나님과의 연합은 뭐든 내가 원하는 대로 얻는 것을 의미하지 않는다. 세상이 늘 내 뜻대로 움직이고, 내가 늘 자기만족을 누리는 것을 의미하지 않는다.

새 중심, 새 일상

연합은 나를 잃는 것이 아니다. 아울러 자기만족도 아니다. 연합은 내가 하나님의 삶에 참여하는 것이다. 캔자스시티의 부활교회(Church of the Resurrection)에 가면 금세기에 만들어진 가장 큰 스테인드글라스 창문에 압도당한다. 이 창문은 세 동산의 이미지로 도배되어

연합, 예수의 손가락과 근육과 세포로 살다

있다. 이 교회의 애덤 해밀턴(Adam Hamilton) 목사는 이 세 동산만으로 구원의 이야기를 완벽히 전달할 수 있다고 말한다. 첫 번째 동산은 에덴동산이다. 그 동산에서 우리는 하나님과의 연합으로 초대를 받았으나 결국 그 연합은 깨졌다. 마지막 동산은 성경의 마지막 책에서 묘사된 동산이다. 그곳에서는 생명나무가 자라는데 그 잎사귀는 "만국을 치료하기 위하여" 사용된다(계 22:2). 연합이 회복된 모습이다. 중간의 동산은 겟세마네 동산이다. 우리가 하나님과 다시 연합될 수 있도록 그 동산에서 예수님은 하나님과의 연합이 깨지는 경험을 하셨다.

내가 어릴 적에 우리와 같이 사셨던 우리 할머니는 〈저 장미꽃 위에 이슬〉(In the Garden)이라는 찬송가를 즐겨 부르셨다. 할머니는 노쇠하여 떨리는 목소리로 늘 그 찬송을 부르셨다. "주가 나와 동행하면서 나를 친구 삼으셨네." 이 찬송은 한창 인기가 있을 때에도 너무 감상적이라는 비판을 자주 받았다. 그런 면이 없지는 않다. 하지만 그 찬송 가사는 우리 할머니의 심금을 울렸다. 할머니는 우리와 함께 사는 오랜 세월 동안 과부로 사셨다. 비록 그런 현실에 대해 한 번도 불평하신 적은 없었지만 할머니가 그 찬송을 부를 때면 그 목소리에서 갈망과 아픔이 깊이 묻어 나왔다. 구원은 동산으로, 연합으로 돌아가는 것이다.

우리는 고립되어 있으면 죽는다. 반면 연결될 때 번영한다. 우리는 하나님과의 연합을 위해 창조되었다. 이 개념이 신비주의적으로 들릴 수 있다. 수도사나 신비주의자나 할 수 있는 경험처럼 들린다. 하지만 우리 모두는 이 연합을 이미 맛보았다. 나에 관한 생각을 완전히 잊어버릴 정도로 생명으로 충만한 놀이나 음악, 일, 창의적인 작업, 사람들과의 어울림에 푹 빠져들었던 순간들, 하지만 내가 그 어느 때보다 '나'로 느껴졌던 순간들, 내가 혼자가 아니라고 분명히 느꼈던 순간들, 최상의 내가 되고 싶었던 순간들, 감사와 기쁨에 온전히 휩싸였던 순간들, 깊이 빠져들었던 순간들…….

C. S. 루이스는 우리가 아름다움을 갈망할 뿐 아니라 너무도 깊어서 말로 옮기기 힘든 뭔가를 갈망한다고 말했다. 즉 "우리는 우리가 보는 아름다움과 연합하고, 그 속으로 통과하고, 그것을 우리 안으로 받아들이고, 그것에 푹 잠기고, 그것의 일부가 되기를 원한다." 지금 우리는 그런 것을 좀처럼 맛보지 못한다. 하지만 "성경의 모든 나뭇잎들은 항상 그렇지는 않을 것이라는 소문으로 바스락거리고 있다. 언젠가 하나님이 허락하시면 우리는 '안에' 들어갈 것이다."[9]

사도 바울은 그리스도인이 되는 법을 이야기한 적이 없다. 그는 "그리스도 안에" 있는 것 혹은 그리스도가 우리 안에 계신 것에 관한 이야기를 했다. 성경에 그런 표현이 150번 이상 등장한다.[10] "그리스도 안"이라는 개념이 어디서 비롯했으며 무엇을 의미하는가? 리처드 헤이스는 바울의 이 개념이 추상적인 교리가 아닌 예수님에 관한 복음의 내러티브 자체에 기초한다고 말한다. "바울의 독자들은 예수님의 이야기에 참여했던 사람들이다."[11]

클린 스노드그레스(Klyne Snodgrass)는 이런 표현을 썼다. "바울은 그리스도인의 정체성을 그리스도 안에 있는 것, 그리스도께 참여하는 것으로 이해했다. …… 참여는 기독교의 필수 요소다."[12]

연합, 예수의 손가락과 근육과 세포로 살다

바울은 이런 참여를 너무도 깊게 경험했기 때문에 "이제는 내가 사는 것이 아니요 오직 내 안에 그리스도께서 사시는 것이라"와 같은 말을 할 수 있었다(갈 2:20). 마르틴 루터는 이렇게 말했다. "당신은 그리스도와 하나일 정도로 단단히 결합되었다. 이 결합은 깨질 수 없다. 당신은 영원히 그분께 붙어 있을 수밖에 없다." 그의 아내 카타리나는 한 술 더 떠서 임종 자리에서 이렇게 말했다. "나는 옷의 얼룩처럼 그리스도께 붙어 있을 것이다."

구원은 그리스도께 참여하는 것을 의미한다. 단순히 민주주의 국가에서 사는 것과 민주주의에 참여하는 것은 엄연히 다르다. 참여는 행동을 의미한다. 읽고, 배우고, 행동하고, 투표하고, 쓰고, 자원하는 것이 참여다. 무도회장에 가는 것과 실제로 춤을 추는 것은 다르다. 참여는 행동을 의미한다. 위험을 무릅쓰고 묻고 움직이고 룸바나 트위스트, 왈츠, 문 워크, 마카레나를 추고 몸을 흔드는 것이 참여다.

미로슬라브 볼프는 우리의 "자아가 잘못된 중심에 붙어 있어서 그 자아를 십자가에 못 박아 그 중심에서 떼어 내야 한다"라고 말했다.[13] 그리스도께 참여하는 것은 내 자아와 뜻이 새로운 중심에 붙어서 내 일상이 변하는 것을 의미한다. 이것은 수동적으로 되는 것이 아니다. 오히려 행동으로 충만해지는 것이다. 그리스도를 초대하고, 그분께 묻고, 기도하고, 배우고, 감사하고, 바치는 것이다. 하나님을 위한 공간을 만들어 내는 활동들에 참여하는 것이다.

하지만 많은 사람의 생각과 달리 이런 활동이 그리스도에 대한 참여의 핵심은 아니다. 이런 활동은 '은혜의 수단'이다. 이런 활동은 내 평범한 일상의 순간들이 그리스도께 참여하는 순간들이 되기 위한 힘과 자유를 얻는 통로다. 이런 활동을 하면서 나는 영감과 용기, 방향, 죄의 깨달음, 힘을 얻고, 내 일과 놀이와 관계에 자신감이 묻어 나온다. 두려움과 교만, 잘못된 욕구에 대해 죽어 사랑과 기쁨, 평안 가운데 살게 된다.

포도나무에 붙은
가지의 삶

포도나무와 가지에 관한 예수님의 비유로 돌아가 보자. 예수님은 제자들에게 다음과 같이 말씀하셨다.

> 내 안에 거하라 나도 너희 안에 거하리라 가지가 포도나무에 붙어 있지 아니하면 스스로 열매를 맺을 수 없음같이 너희도 내 안에 있지 아니하면 그러하리라 나는 포도나무요 너희는 가지라 그가 내 안에, 내가 그 안에 거하면 사람이 열매를 많이 맺나니 나를 떠나서는 너희가 아무것도 할 수 없음이라(요 15:4-5).

대부분의 사람들이 이 부분에서 오해를 한다. 가지가 하는 일은 열매 맺기가 아니다. 가지의 역할은 포도나무로부터 계속해서 생명을 받는 것 곧 거하는 것이다. 열매는 거하는 삶의 부산물이다. 가지

연합, 예수의 손가락과 근육과 세포로 살다

는 당신과 나다. 열매는 가지 안에서 일어나는 일이 외적으로 표현된 결과물이다. 즉 열매는 우리의 행위다. 열매는 우리가 하루 중에 하는 말과 행동을 말한다.

사람들은 이렇게 생각한다. '하나님은 저 위에 계시고, 나는 매일 하는 여러 가지 일 외에도 하나님을 기쁘시게 하기 위해 뭔가를 해야 한다. 교회에 나가고 헌금을 내고 성경책을 읽어야 한다. 또한 뭔가를 하지 말아야 한다. 도둑질을 하지 말아야 한다. 정말로 곤란할 때가 아니면 거짓말도 하지 말아야 한다. 특히 교회 안에서는 나쁜 말을 입에 담지 말아야 한다.'

하지만 가지 안에 있는 마음과 인격이라는 내적 측면은 변하지 않은 채로 남아 있다. 마음속에 사랑이 없다. 심지어 열매를 맺기 위해 노력하느라 바빠 자신에게 사랑이 없다는 사실조차 '알지' 못한다. 또한 사람들은 이렇게 생각한다. '노력과 희생이 필요해. 많은 즐거운 것을 포기해야 해. 하지만 괜찮아. 하나님이 언젠가 다 보상해 주실 거야.' 이런 생각은 비종교적인 사람들을 비판하는 종교적인 사람들을 양산한다. '저들은 토요일 밤 늦게까지 파티를 즐기고 나서 주일에는 늦잠을 자지. 정말 한심한 작자들이야.'

예수님은 이런 생각까지도 정확히 아신다. 그래서 우리에게 탕자에 관한 이야기를 해 주셨다. 이 이야기에서 형은 종교적인 사람을 상징한다. 예수님은 탕자가 "먼 나라에 가 거기서 허랑방탕하여 그 재산을 낭비하더니"라고 말씀하셨다(눅 15:13). 형은 정죄의식과 우월감으로 가득 차 있다. 그는 아버지가 돌아온 탕자를 환영하자 불같이 노한다. "아버지의 살림을 창녀들과 함께 삼켜 버린 이 아들이 돌아오매 이를 위하여 살진 송아지를 잡으셨나이다"(눅 15:30).

흥미로운 사실은, 탕자의 비유에 탕자가 실제로 창녀와 놀았다는 언급은 없다는 점이다. 그렇다면 형의 이 생각은 어디에서 온 것인가? 아마도 이런 식으로 추측했을 것이다. '아버지의 마음을 찢어지게 만든 못된 녀석 같으니라고. 돈을 다 탕진했다고? 어떻게 썼는지는 뻔하지. 여자를 사는 데 썼을 거야. 그렇게 살아도 상관없다면 나라도 그렇게 했을 테니까 말이야. 그런데 녀석을 위한 잔치라니, 이 무슨 경우인가. 쾌락은 내가 포기했는데 보상은 엉뚱한 녀석이 받다니, 아, 억울해!'

이것이 형의 가지에서 벌어지는 일이다. 가지에서는 생각과 감정, 욕구, 인식, 의도가 끊임없이 그리고 거의 자동적으로 흐른다. "열매" 곧 말과 행동, 습관은 가지 안에서 벌어지는 일을 '드러내는' 외적 표현이다. 종교적인 사람들은 하나님이 우리 밖의 어딘가에 계시고, 우리는 도무지 기쁘시게 할 수 없는 이 하나님을 기쁘시게 할 열매(옳은 말과 행동)를 맺기 위해 죽도록 노력해야 한다고 생각한다. 이것이 그들의 큰 문제점이다.

하지만 옳은 열매를 맺으려 그저 노력만 해서는 죽었다 깨어도 옳은 열매를 맺을 수 없다. 옳은 것을 말하고 행하려는 노력으로는 절대 옳은 것을 말하고 행할 수 없다. 율법에 순종하려는 노력으로는 결코 율법에 순종할 수 없다. 가지 안에서 변화가 일어나야 한다. '자기중심적이고 호전적이며 탐욕스럽고 두려움 가득한' 내면이 '넘치는 자신감과 감사, 겸손, 기쁨, 사랑'으로 변해야 한다. 어떻게 해야 그렇게 될 수 있을까?

"나는 포도나무요 너희는 가지라 내 안에 거하라." 이 말씀은 문자 그대로를 의미한다. C. S. 루이스는 이렇게 말했다. "그리스도인들이 자기 안에 있는 그리스도의 생명을 말할 때는 정신적이거나 도덕적인 뭔가를 지칭하는 것이 아니다. …… 그것은 단순히 그리스도에 관해 생각하거나 그분을 닮아가는 것을 의미하지 않는다. 그것은 그리스도가 실제로 그들을 통해 행동하시는 것을 의미한다. 그리스도인들 전체는 하나의 유기체다. 이 유기체를 통해 그리스도가 행동하신다. 즉 우리는 그분의 손가락이요 근육이다. 우리는 그분 몸의 세포들이다."[14]

구체적으로 어떻게 해야 할까? 나 자신, 내 마음과 뜻을 하나님께 드려야 한다. 여기에는 주로 의식의 끊임없는 흐름이 관여한다. 우리는 매 순간 이어지는 의식과 생각으로 이루어져 있다. 씨앗의 뿌리가 자기 밖으로 뻗어 나가 뭔가를 흡수하듯 우리의 생각은 끊임없이 우리 밖으로 뻗어 나가 밖에 있는 것들을 흡수한다. 물론 우리 밖에는 좋은 것들도 있고 나쁜 것들도 있다. 그래서 바울은 이렇게 말했다.

> 무엇에든지 참되며 무엇에든지 경건하며 무엇에든지 옳으며
> 무엇에든지 정결하며 무엇에든지 사랑받을 만하며 무엇에든지
> 칭찬받을 만하며 무슨 덕이 있든지 무슨 기림이 있든지 이것들을
> 생각하라 너희는 내게 배우고 받고 듣고 본 바를 행하라

그리하면 평강의 하나님이 너희와 함께 계시리라(빌 4:8-9).

바로 이것이 포도나무에 붙은 가지의 삶이다. 바로 이것이 구원 받은 모습이다. 포도나무에서 떨어지면 우리의 마음은 근심과 불만족을 흡수한다. 하버드에서 MBA를 취득한 내 친구 산티아고는 자신의 교수가 학생들이 연구했던 기업들 하나하나를 짚어 가며 "탐욕과 두려움 중 현재 무엇이 이기고 있는가?"라고 물었다고 말했다. 세상에서는 이 둘이 유일한 선택사항이다. 이 둘이 하나님에게서 분리된 인간의 마음속에서 흐르는 주된 생각들이다. '나는 원한다.' '나는 두렵다.'

내가 포도나무에서 떨어지면 내 생각들은 닻과도 같다. 끊임없이 나를 짓누른다. '내가 성공하고 있는가?' '그는 왜 나를 좋아하지 않는가?' '돈이 모자라면 어쩌지?' 반면, 포도나무에 붙어 있으면 하나님의 생각, 하나님의 생명을 흡수하게 된다. 탐욕과 두려움은 물러가고 감사와 자신감이 자리를 잡는다. 하나님의 선하심과 사랑에 감사하고, 하나님의 임재와 능력에서 자신감을 얻는다. 그래서 시편 1편은 다음과 같이 말한다.

복 있는 사람은 …… 오직 여호와의 율법을 즐거워하여 그의
율법을 주야로 묵상하는도다 그는 시냇가에 심은 나무가 철을
따라 열매를 맺으며 그 잎사귀가 마르지 아니함 같으니
그가 하는 모든 일이 다 형통하리로다(시 1:1-3).

연합, 예수의 손가락과 근육과 세포로 살다

오래전 일이다. 우리 가족의 첫 집을 마련하면서 거기 정원에 심을 작은 오렌지 나무를 가져왔다. 내가 가장 좋아하는 캘리포니아의 향기는 활짝 핀 오렌지꽃 향기다. 나는 그 나무를 심고 물과 비료를 주고 아낌없이 사랑을 쏟았다. 그런데 하루는 우리 가족이 일주일 정도 외출한 동안 여섯 살배기 옆집 꼬마 녀석이 우리 집에 들어와 그 나무의 뿌리를 파냈다. 우리가 돌아왔을 때 나무는 이미 죽어 있었다. 왜일까? 뿌리의 건강은 곧 나무 전체의 건강을 의미하기 때문이다. 좋은 뿌리 없이는 열매를 맺을 수 없다.

내 생각은 내 영혼의 뿌리들이다. 우리가 해야 할 일은 의지력을 더 끌어올려 하나님이 기뻐하시는 행동을 더 많이 낳으려고 노력하는 것이 아니다. 우리가 해야 할 일은 그리스도 안에 거하는 것, 그분께 뿌리를 내리는 것이다. 예수님도 말씀하셨다. "너희가 내 안에 거하고 내 말이 너희 안에 거하면"(요 15:7). 우리는 이것을 자꾸만 짐으로 변질시키려고 한다. '내가 이미 하는 노력 외에 성경 구절을 암송하라는 말씀이군. 그렇게 하지 않으면 하나님이 나를 기뻐하시지 않을 거야.'

하지만 여기서 말은 단순히 우리 안에 거하는 생각을 말한다. 이 말은 좋은 것일 수도 있고 나쁜 것일 수도 있다. 우리는 이 말을 의식적으로 선택할 수도 있고, 아무 말이나 우리 안에 들어와 거하도록 허용할 수도 있다. 어떤 경우든, 우리는 우리 안에 거하는 말에 따라 형성된다. 따라서 예수님은 우리가 이미 하는 노력 외에 뭔가를 더 많이 하라고 말씀하신 것이 아니다. 예수님은 우리가 이미 하고 있는 노력을 지금과 다르게 하라고 말씀하신 것이다. 즉 그분의 말이 우리 안에 거하도록 만드는 것에 초점을 맞추어야 한다.

바로 이것이 누군가와 '함께' 있는 것의 의미다. 누군가와 함께 있으면 그 사람을 가장 많이 생각하게 되어 있다. 누군가와 함께 있으면 그가 한 말에 관해 생각하고 어떻게 하면 그를 더 알아 갈지 생각하게 된다. 그의 태도와 얼굴 표정, 목소리가 우리의 생각을 좌지우지하게 된다. 그런가 하면 몸은 서로 떨어져 있어도 휴대폰이나 화상 통화로 상대방과 이야기를 나누고 그의 얼굴을 볼 수 있다. 기억을 통해서 세상을 떠난 사람들과 함께 거할 수도 있다. 그런데 예수님은 육체의 제약 없이 영으로 계시기 때문에 말 그대로 끊임없이 우리와 소통하고 교제하실 수 있다. 바로 이런 실시간 교제가 우리가 순종할 수 있게 해 준다.

> 내가 아버지의 계명을 지켜 그의 사랑 안에 거하는 것같이
> 너희도 내 계명을 지키면 내 사랑 안에 거하리라 내가 이것을
> 너희에게 이름은 내 기쁨이 너희 안에 있어 너희 기쁨을
> 충만하게 하려 함이라 내 계명은 곧 내가 너희를 사랑한 것같이
> 너희도 서로 사랑하라 하는 이것이니라 사람이 친구를 위하여
> 자기 목숨을 버리면 이보다 더 큰 사랑이 없나니 너희는 내가
> 명하는 대로 행하면 곧 나의 친구라 이제부터는 너희를 종이라
> 하지 아니하리니 종은 주인이 하는 것을 알지 못함이라 너희를
> 친구라 하였노니 내가 내 아버지께 들은 것을 다 너희에게 알게

연합, 예수의 손가락과 근육과 세포로 살다

하였음이라(요 15:9-15).

"너희는 내가 명하는 대로 행하면 곧 나의 친구라." 예수님의 친구로 사는 하루는 어떤 모습일지 상상해 보자. 아침에 늘 하는 일로 하루를 시작한다. 예를 들면, 커피 한 잔을 마신다. 가장 먼저 커피를 마시지 않고서는 누구도 만나지 않고 무슨 일도 하지 않는다면 먼저 커피를 마시라. 그러고 나서 주기도문으로 기도를 드리라. 한 번에 한 대목씩 천천히 묵상하라.

"하늘에 계신 우리 아버지여." 당신이 아는 아버지의 가장 자상한 모습을 떠올리고, 하늘 아버지께서 당신을 그보다 백만 배는 더 깊이 사랑하신다는 사실을 깊이 음미하라.

"이름이 거룩히 여김을 받으시오며." (오늘 주님이 얼마나 놀라우신 분인지를 저를 비롯한 모든 사람이 깨닫게 해 주십시오.)

"나라가 임하시오며 뜻이 하늘에서 이루어진 것같이 땅에서도 이루어지이다." (저는 하나님 나라에 있기에 하루 종일 완벽히 안전할 줄 믿습니다. 하나님 나라와 그 안에 사는 자들은 절대 곤란에 빠질 일이 없는 줄 압니다.)

하나님의 임재 속으로 들어가라. 하루의 계획을 하나님께 소상히 아뢰고 동행해 주시길 간청하라. "오늘 포도나무에 거하겠습니다"라고 진심으로 고백하라.

하지만 어두운 세상과 약한 자신을 생각하면 걱정이 앞설 수도 있다. '하지만 나는 불완전하고 나의 경쟁 상대인 나라는 강하기 짝이 없다. 내가 잘못하면 어쩌지? 하루에도 수없이 불순종할 텐데 어쩌지? 걱정하거나 정욕에 휩싸이거나 거짓말을 하거나 자녀에게 소리를 지르거나 술에 취하거나 절친한 친구를 배신하면 어쩌지?' 그럴 때마다 포도나무로 돌아오라. 포도나무는 어디 가지 않는다. 늘 그 자리를 지키며 참을성이 무한하다. 포도나무는 절대 이렇게 말하지 않는다. "답답한 가지 같으니라고. 매번 실패하는 너를 도저히 봐주지 못하겠다. 돌아올 생각일랑 꿈에도 하지 마라."

조지 칼린(George Carlin)은 미식축구와 야구의 득점 방식 차이에 관한 이야기를 자주 했다. 미식축구는 격렬한 운동이다. 상대팀의 방어를 뚫고 엔드존에 이를 때까지 극심한 몸싸움을 해야 한다. 하지만 야구에서는 그런 싸움이 없다. 그냥 홈으로 돌아오기만 하면 된다. 하늘 아버지와의 동행은 미식축구보다 야구에 가깝다. 격렬한 전투는 없다. 예수님의 비유에 나오는 탕자처럼 먼 나라에서 정신을 차리고 집으로 돌아오기만 하면 된다. 아버지는 늘 변함없이 우리를 기다리신다.

'춤의 제왕'과 함께
춤을

하나님과의 연합은 전적으로 은혜의 선물이다. 연합은 그분의 사랑과 포용, 초대, 풍성한 선하심에 대한 반응이다. 얼마 전 사랑스러운 내 아내가 함께 춤을 추고 싶다며 내게 댄스 교습을 권했다. 순간,

연합, 예수의 손가락과 근육과 세포로 살다

망설여졌다. 우리 집안사람들은 춤과는 거리가 멀다. 하지만 나는 아내를 사랑하고, 춤을 배워 두면 여러모로 좋을 것 같아 교습을 받기로 했다. 함께 연습장에 갔더니 왈츠와 폭스트롯, 룸바에 적합한 스텝들의 사진을 담은 작은 책자를 주었다. 갑자기 나는 자신만만해졌다. 책이라면 자신이 있었다. 책이라면 충분히 다룰 수 있었다.

나는 책을 읽을 줄 알았다. 나는 책을 잘 알았다. 심지어 책을 쓸 줄도 알았다. 하지만 책으로 배운 춤은 우아함이 없었다. 음악과 몸이 하나가 되기는커녕 철저히 따로 놀았다. 그렇게 볼썽사납게 춤을 추던 내가 아내에게 손을 내밀었다. 아내의 춤은 정말 우아했다. 어릴 적부터 춤을 춘 아내는 물 흐르듯이 자연스럽고도 아름답게 춤을 춘다. 그런 아내와 손을 잡자 정말 이상한 일이 벌어졌다. 아내의 우아함 일부가 내게로 흘러들어 온 것이다. 조금이나마 내 춤의 수준이 달라졌다. 그리고 추면 출수록 더 추고 싶어졌다. 혼자보다 아내와 함께 출 때 내 춤은 훨씬 더 우아해졌다. 실제 춤은 책을 보며 머릿속으로 추는 춤과는 차원이 다르다. 실제 춤에서는 파트너들이 떨어지지 않는다. 파트너들이 서로를 잘 알고 서로에게 맞추며 서로를 즐거워한다.

수 세기 전 교회의 교부들은 삼위일체를 "페리코레시스"(peri-choresis)라 불렀다. 여기서 '페리'(peri)는 '둘레'(perimeter)에서처럼 '주변'을 의미하고 '코레인'(chorein)은 이동하거나 자리를 내주는 것을 의미한다. 이 둘을 합치면 회전하는 하나님의 그림이 그려진다. 죄에 물든 우리는 세상이 내 주변을 돌기를 원하지만 성부와 성자와 성령은 사랑으로 서로에게 자리를 내주고 앞으로 이동하면서 계속해서 돈다. 이 단어의 의미가 워낙 아름다워서, 나중에는 삼위일체의 '원무'(circle dance)를 의미하게 되었다. 삼위일체의 각 위들은 철저히 서로를 섬기고 사랑하기 때문에 춤이야말로 그분의 모습에 가장 잘 어울리는 그림일 것이다.

우리는 하나님과 연합하도록 창조되었다. 그것은 하나님 자신이 세 위가 하나로 완벽히 연합하신 분이기 때문이다. C. S. 루이스는 《순전한 기독교》(Mere Christianity, 홍성사 역간)에서 삼위일체의 연합을 이렇게 묘사했다. "표현이 적절할지 모르겠지만 일종의 춤에 가깝다. 성부와 성자의 연합은 그 연합 자체를 또 하나의 인격체라고 해도 될 만큼 생생하고도 구체적이다. …… 우리 모두는 이 패턴 속으로 들어가야 한다. 이 춤에서 한 자리를 차지해야 한다. 우리가 진정한 행복으로 갈 수 있는 다른 길은 없다."[15]

예수님은 사람들이 세례 요한의 고행에도 반응하지 않고("우리가 곡하여도 너희가 울지 아니하였다") 죄인까지 아우르는 예수님의 유쾌함과 기쁨에도 반응하지 않았다고("우리가 너희를 향하여 피리를 불어도 너희가 춤추지 않고") 말씀하셨다(눅 7:32). 예수님이 어서 춤을 추라며 우리를 향하여 피리를 불고 계신다. 에드워드 쉴레벡스(Edward Schillebeeckx)의 아름다운 표현을 빌자면 "예수님의 임재 안에서 슬퍼하는 것은 존재론적으로 불가능한 일이다."[16] 예수님 안에서는 춤을 추지 않고는 배길 수 없다.

수백 년 전부터 불러 온 〈내일은 춤추며 즐거워하리〉(Tomorrow

연합, 예수의 손가락과 근육과 세포로 살다

Shall Be My Dancing Day)라는 크리스마스 캐럴이 있다. 이 캐럴에서 "춤의 제왕" 예수님이 노래를 부르신다.

> 내일은 춤추며 즐거워하리.
> 내 진정한 사랑을 위해 그렇게 하리.
> 길이 남을 내 무대를 위해,
> 내 진정한 사랑을 내 춤으로 부르기 위해.

우리는 춤을 추도록 지음받았다. 춤이 제대로 이루어지면 어디서 한 사람이 끝나고 다른 사람이 시작되는지를 알기 힘들어진다. 둘이 하나가 되기 때문이다. 그러면서도 각 사람이 그 어느 때보다도 진정한 자신이 된 기분을 느낀다. 물리적 실재가 있는 것처럼 영적 실재가 있다. 하나님과의 연합이라는 영적 실재는 우리에게 사랑, 안정감, 자신감, 만족감, 감사, 평안, 기쁨을 준다.

연합이 우리에게 놀라운 선물이긴 하지만 우리만을 위한 선물은 아니다. 하나님과의 연합 속에 들어가면 복의 통로가 되려는 뜻이 자연스럽게 솟아난다. 하나님에게서 단절된 사람은 끊임없이 자기가 원하는 것만을 추구한다. 하지만 '포도나무에 붙은' 사람은 복의 통로로써 끊임없이 주변 세상으로 뻗어 나간다. 하나님과 연합한 사람은 끊임없이 주변에 복을 더해 줄 길을 찾는다. 자신이 쓴 이메일에 복을 더하고(갈수록 더 잘 쓴다), 자신이 구운 빵에 복을 더하고(갈수록 더 맛나게 굽는다), 같은 도로를 달리는 다른 운전자들에게 복을 더한다(내가 운전을 더 잘해서 남들이 운전을 더 잘하게 만든다). 예수님은 "세상으로 …… 믿게" 만들기 위해 우리가 하나님과 연합하게 해 달라고 기도하셨다(요 17:21).

"그가 내 안에, 내가 그 안에 거하면 사람이 열매를 많이 맺나니"(요 15:5). 예수님 안에 거하면 사랑, 기쁨, 평안 같은 열매가 자연스럽게 맺힌다. 단, 열매는 가지의 이익을 위해 맺히는 것이 아니다. 열매는 풍성한 생명이 흘러넘친 결과물이다. 포도나무는 새 생명의 씨앗을 퍼뜨리기 위해 열매를 맺는다.

예수님은 베드로를 그분과의 연합으로 회복시키면서 그분이 사랑하시는 양 떼를 돌보라고 세 번이나 지시하셨다. 예수님은 나중에 하늘에 오르기 전에 제자들에게 "내가 세상 끝날까지 너희와 항상 함께 있으리라"라고 약속하면서 이런 명령을 주셨다. "너희는 가서 모든 민족을 제자로 삼아 아버지와 아들과 성령의 이름으로 세례를 베풀고 내가 너희에게 분부한 모든 것을 가르쳐 지키게 하라"(마 28:19-20).

연합에서 사랑이 흘러나온다. 예수님은 그분이 진정으로 사랑하는 우리를 그분의 춤으로 부르신다. 그리고 우리가 예수님께 받은 이 초대는 다른 사람들을 향한 초대로 이어진다. 세상은 돌고 돈다.

감사의 말

이 작은 책이 계기가 되어 곳곳에서 많은 사람들이 구원의 영광스러운 본질에 관해 새로운 대화를 시작하기를 진심으로 소망한다. 아무쪼록 이 책을 통해 교회 안팎의 사람들이 예수님이 가르치신 복음과 그분이 제시하신 제자도 사이의 뗄 수 없는 연관성을 보고 "기뻐하며 …… 자기의 소유를 다 팔아" 그분을 따르기를 간절히 소망한다.

에프(Eff)와 패티 마틴(Patty Martin) 부부의 격려와 도움 덕분에 이 책을 완성할 수 있었다. 이들 덕분에 이스라엘에 가서 설교 시리즈를 전한 것이 이 책의 씨앗이 되었다. 이들의 환대와 복음을 제대로 이해하려는 열정은 수많은 인생에게 선한 영향력을 끼쳤다.

게리 문(Gary Moon)은 내 사고와 신앙, 목회의 길을 함께 걸어 주는 평생의 친구요 동반자다. 우리는 이 책에서 다룬 문제들은 물론 다른 주제들에 관해서도 많은 대화를 나누었다.

마크 넬슨(Mark Nelson)이 귀한 시간을 기꺼이 내주어 이 책의 메시지에 명료함을 더할 수 있는 수많은 대화를 나눌 수 있었다. 그중

190

몇 번의 대화에는 영광스럽게 트렘퍼 롱맨 3세(Tremper Longman III)도 참여해 주었다. 리치 모우(Rich Mouw)와 랜킨 윌본은 친절하게도 초고를 정독하고 나서 주옥같은 조언들을 해 주었다. 로라 터너(Laura Turner)는 다른 일로 바쁜 가운데서도 끊임없이 내 사고를 자극해 주었다.

틴데일(Tyndale) 출판사는 훌륭한 팀을 지원해 주었다. 캐럴 트레버(Carol Traver)와 조나단 쉰들러(Jonathan Schindler)는 지혜롭고, 격려하는 마음과 유쾌함으로 가득한 사람들이다. 그들은 이 책을 쉽고도 명쾌하게 만들기 위한 기나긴 대화를 기꺼이 감내해 주었다. 론 비어스(Ron Beers)는 끊임없는 아이디어와 가능성의 원천이었다. 잔 해리스(Jan Harris)의 날카로운 질문과 수많은 아이디어 덕분에 이 책이 훨씬 풍요로워졌다.

무엇보다도 내가 목회와 연구, 가르침, 리더십, 저술 활동을 병행할 수 있게 배려해 준 멘로파크장로교회 식구들에게 감사한다. 린다 바커(Linda Barker)는 본인이 내게 얼마나 큰 기쁨을 나눠 주는지 잘 모르는 듯하다. 수 킴 안(Sue Kim-Ahn)과 유진 리(Eugene Lee), 제이크 차코(Jake Chacko)는 거금을 주고도 모셔 오기 힘든 팀이다.

아내 낸시(Nancy)는 내가 책을 쓸 때마다 진심으로 응원해 준다. 아내와의 대화가 이 책의 수많은 문장에 스며들어 있다.

이 책에서 다룬 주제들에 관한 생각을 할 때면 언제나 달라스 윌라드의 삶과 사상, 글이 내 머릿속을 맴돈다. 제목을 비롯해 이 책의 수많은 개념에 그에게 참 큰 빚을 졌다.

서문.

1. Bobby Azarian, "Apeirophobia: The Fear of Eternity," *Atlantic*, 2016년 9월 1일, https: www. theatlantic. com/science/archive/2016/09/apeirophobia-the-fear-of-eternity/498368/.

2. Brenda B. Colijn, *Images of Salvation in the New Testament* (Downers Grove, IL: InterVarsity Press), 88.

3. 상동, 96.

4. J. W. Roberts, Colijn, *Images of Salvation*에 인용.

5. Stephen Prothero, *God Is Not One* (HarperCollins, 2010), 65-66, 72-73.

6. 예를 들어 Ali Hasan and Richard Fumerton, "Knowledge by Acquaintance vs. Description"을 보라. *Stanford Encyclopedia of Philosophy*, 2014년 3월 10일, https://plato.stanford.edu/entries/knowledge-acquaindescrip.

7. Dallas Willard, *Renewing the Christian Mind: Essays, Interviews, and Talks*, ed. Gary Black Jr. (New York: HarperOne, 2016), 307.

8. John Calvin, Robert C. Roberts, *Spiritual Emotions: A Psychology of Christian Virtues* (Grand Rapids, MI: William B. Eerdmans, 2007), 157에 인용.

9. Dallas Willard, *The Spirit of the Disciplines: Understanding How God Changes Lives* (New York: HarperSanFrancisco, 1988), 32. 달라스 윌라드, 《영성 훈련》(은성 역간).

10. Huston Smith, *The Soul of Christianity: Restoring the Great Tradition* (New York: HarperCollins, 2005), 77.

: PART 1

1. 천국, 누구에게나 좋은 곳일까?

1. Dallas Willard, *Renovation of the Heart: Putting On the Character of Christ* (Colorado Springs, CO: NavPress, 2012), 108. 달라스 윌라드, 《마음의 혁신》(복있는사람 역간).

2. C. S. Lewis, *The Problem of Pain* (New York: HarperOne, 2001), 141. C. S. 루이스, 《고통의 문제》(홍성사 역간).

3. John Henry Newman, Cornelius Plantinga Jr., *Not the Way It's Supposed to Be: A Breviary of Sin* (Grand Rapids, MI: William B. Eerdmans, 1995), 37에 인용.

4. 플레밍 러틀리지(Fleming Rutledge)는 자신의 역작 *The Crucifixion*(십자가형)을 이 두 가지 역학에 따라 정리했다. 즉 죄는 반드시 대속이 이루어져야 하는 것이고, 죄는 반드시 극복해야 할 이질적인 힘이다. Fleming Rutledge, *The Crucifixion: Understanding the Death of Jesus Christ* (Grand Rapids, MI: Eerdmans, 2015), 189를 보라.

5. Dallas Willard, *The Divine Conspiracy: Rediscovering Our Hidden Life in God* (New York: HarperSanFrancisco, 1998), 302. 달라스 윌라드, 《하나님의 모략》(복있는사람 역간).

6. Lewis, *The Problem of Pain*, 130. C. S. 루이스, 《고통의 문제》(홍성사 역간).

7. Matthew W. Bates, *Salvation by Allegiance Alone: Rethinking Faith, Works, and the Gospel of Jesus the King* (Grand Rapids, MI: Baker Academic, 2017), 51.

8. 예수님은 하나님 나라를 선포하고, 그 나라에서의 삶을 가르치셨으며, 하나님 나라(하나님 뜻이 이루어지는 영역)가 선지자들이 "샬롬"이라고 부른 것이기 때문에 치유를 행하셨다(마 4:17; 막 1:14-15 참조). 제자들은 예수님과 같은 메시지를 들고 그분과 같은 사명을 수행 중이었다(눅 8:1; 9:12 참조). 마태복음 6장 10절에서 예수님은 "뜻이 하늘에서 이루어진 것같이 땅에서도 이루어지"는 나라가 임하도록 기도하라고 말씀하셨다. 마태복음

6장 33절에서 예수님은 "너희는 먼저 그의 나라와 그의 의를 구하라"라고 말씀하셨다. 마태복음 13장 44절에서 예수님은 천국을 전 재산을 팔아 살 만한 가치가 있는 밭의 보화로 묘사하셨다. 사도행전의 끝부분인 28장 31절에서 바울은 하나님 나라를 선포하고 있다.

9. Willard, *The Divine Conspiracy*, 21. 달라스 윌라드, 《하나님의 모략》(복있는사람 역간).

10. Dallas Willard, 저자와의 개인적인 대화. Willard, *The Divine Conspiracy*, 399도 보라. 달라스 윌라드, 《하나님의 모략》(복있는사람 역간).

11. Miroslav Volf, *Flourishing: Why We Need Religion in a Globalized World* (New Haven, CT: Yale University Press, 2015), 10-11. 미로슬라브 볼프, 《인간의 번영》(IVP 역간).

12. Miroslav Volf, *Exclusion and Embrace: A Theological Exploration of Identity, Otherness, and Reconciliation* (Nashville: Abingdon, 1996), 298. 미로슬라브 볼프, 《배제와 포용》(IVP 역간).

2. 예수 보혈, 단지 천국 입장권이 아니다

1. Langston Hughes, *The Big Sea* (New York: Hill and Wang, 1968), 18-19.

2. 같은 책. 19-20.

3. 같은 책. 20-21.

4. "Bible Lacking Sinner's Prayer Returned for Full Refund," *Babylon Bee*, 2016년 8월 16일, http://babylonbee.com/news/bible-lacking-sinners-prayer-returned-full-refund/.

5. George MacDonald, "Wisdom to Live By", *The Writings, Spiritual Vision, and Legacy of George MacDonald & Michael Phillips* 중에서, 2006년, http://www.macdonaldphillips.com/fromtheheart.html.

6. Rankin Wilbourne, *Union with Christ: The Way to Know and Enjoy God* (Colorado Springs: David C. Cook, 2016).

7. George MacDonald, "Justice," *Literature Network*, http://www.online-literature.com/george-macdonald/unspoken-sermons/31/.

8. Fleming Rutledge, *The Crucifixion: Understanding the Death of Jesus Christ* (Grand Rapids, MI: Eerdmans, 2015), 122.

9. G. K. Chesterton, *The Everlasting Man* (London: Hodder & Stoughton, 1930), 60.

10. Frederick Dale Bruner, *Matthew: A Commentary*, vol. 1, *The Christbook: Matthew 1-2*, rev. ed. (Grand Rapids, MI: Wm. B. Eerdmans, 2004), 31.

11. William Faulkner, *As I Lay Dying: The Corrected Text* (New York: Vintage International, 1990), 176. 윌리엄 포크너, 《내가 죽어 누워 있을 때》(민음사 역간).

12. Aleksandr Solzhenitsyn, *The Gulag Archipelago*, volume 1 (New York: Harper & Row, 1976), 168.

13. Cornelius Plantinga Jr., "Sin: Not the Way It's Supposed to Be," Christ on Campus Initiative, 2010년, http://tgc-documents.s3.amazonaws.com/cci/Pantinga.pdf.

14. Patrick Ramsey, "Union and Communion," *Meet the Puritans* (blog), 2017년 3월 30일, http://www.meetthepuritans.com/blog/union-and-communion.

3. 예수 복음, 인생이 영생이 되는 것이다

1. Laura Hillenbrand, *Unbroken: A World War II Story of Survival, Resilience, and Redemption* (New York: Random House, 2010), 376. 로라 힐렌브랜드, 《언브로큰》(21세기북스 역간).

2. Michael Burkhimer, *Lincoln's Christianity* (Yardley, PA: Westholme, 2007), xi.

3. Huston Smith, *The Soul of Christianity: Restoring the Great Tradition* (New York: HarperCollins, 2005), 84.

4. Dallas Willard, *The Spirit of the Disciplines: Understanding How God Changes Lives* (New York: HarperCollins, 1988), 258. 달라스 윌라드, 《영성 훈련》(은성 역간).

5. Dietrich Bonhoeffer, *The Cost of Discipleship* (New York: Touchstone, 1959), 51.

6. 마태복음 22장 34-40절; 요한복음 13장 35절을 보라.

7. Tim Harmon, "Who's In and Who's Out? Christianity and Bounded Sets vs. Centered Sets," *Transformed* (blog), 2014년 1월 17일, https://www.westernseminary.edu/transformedblog/2014/01/17/whos-in-and-whos-out-christianity-and-bounded-sets-vs-centered-sets/.

8. C. S. Lewis, *Mere Christianity* (New York: HarperCollins, 1980), 209-210. C. S. 루이스, 《순전한 기독교》(홍성사 역간).

9. Simon Sinek, "How Great Leaders Inspire Action," filmed 2009년 9월 녹화, TEDxPugetSound, video, 17:58, https://www.ted.com/talks/simon_sinek_how_great_leaders_inspire_action.

10. Bonhoeffer, *The Cost of Discipleship*, 46, 56.

: PART 2

막간. 인생, 하나님을 향한 영혼의 여행

1. Dallas Willard, *The Divine Conspiracy: Rediscovering Our Hidden Life in God* (New York: HarperSanFrancisco, 1998), 275. 달라스 윌라드, 《하나님의 모략》(복있는 사람 역간).

2. *Alcoholics Anonymous*, 4th ed. (New York: Alcoholics Anonymous World Services, 2001), 88.

3. Martin Luther, James Arne Nestingen, *Martin Luther: His Life and Teachings* (Eugene, OR: Wipf and Stock, 2004), 38에 인용.

4. Linda Stone, "Continuous Partial Attention," https://lindastone.net/qa/continuous-partial-attention/.

5. 저자들마다 "연합"(union)을 다른 의미로 사용해 왔다. 청교도들은 "연합"과 "교제"(communion)를 자주 구분해서 사용했다. 가족으로 들어온 우리를 향한 하나님의 변함없는 사랑에 대해서는 "연합"을 사용했다. 연합은 내가 부모의 아들인 것처럼 객관적이고도 변함없는 것이다. 우리는 이것이 변하지 않기 때문에 소중히 여긴다. "교제"는 하나님과의 이 관계를 실제로 경험하는 것으로, 수시로 변한다. 나는 이 책에서 "연합"이라는 단어를 주로 이 의미에 가깝게 사용할 것이다.

6. Thomas Merton, *New Seeds of Contemplation* (New York: New Directions, 2007), 237을 보라. 토머스 머튼, 《새 명상의 씨》(가톨릭출판사 역간).

7. Frederick Dale Bruner, *Matthew: A Commentary, vol. 1, The Christbook: Matthew 1–2*, rev. ed. (Grand Rapids, MI: Wm. B. Eerdmans, 2004), 83.

8. Benedict J. Groeschel, *Stumbling Blocks or Stepping Stones: Spiritual Answers to Psychological Questions* (Mahwah, NJ: Paulist Press, 1987), 108.

9. Benedict J. Groeschel, *The Reform of Renewal* (San Francisco: Ignatius Press, 1990), 199.

10. Dallas Willard, *The Spirit of the Disciplines: Understanding How God Changes Lives* (New York: HarperSanFrancisco, 1988), 32. 달라스 윌라드, 《영성 훈련》(은성 역간).

4. 깨어남, 보이지 않던 것이 보이기 시작하다

1. Frederick Buechner, *Telling the Truth: The Gospel as Tragedy, Comedy, and Fairy Tale* (New York: HarperSanFrancisco, 1977), 75.

2. M. Robert Mulholland Jr., *Invitation to a Journey: A Road Map for Spiritual Formation*, Ruth Haley Barton 부연 설명 (Downers Grove, IL: InterVarsity Press, 2016), 8장. 로버트 멀홀랜드, 《영성 여행 길라잡이》(살림출판사 역간).

3. Dallas Willard, *The Divine Conspiracy: Rediscovering Our Hidden Life in God* (New York: HarperSanFrancisco, 1998), 66. 달라스 윌라드, 《하나님의 모략》(복있는사람 역간).

4. William James, *The Varieties of Religious Experience* (The Modern Library, 1902), 8, Bill Leonard, "Dull Habit or Acute Fever? William James and the Protestant Conversion Crisis," Harvard Divinity Bulletin, Summer/Autumn 2015년에 인용, https://bulletin.hds.harvard.edu/articles/summerautumn2015/dull habit-or-acute-fever.

5. Leonard, "Dull Habit or Acute Fever?"

6. James L. Crenshaw, *Urgent Advice and Probing Questions: Collected Writings on Old Testament Wisdom* (Macon, GA: Mercer University Press, 1995), 292-293.

7. Charles Taylor, *A Secular Age* (Cambridge, MA: Belknap Press, 2007), 15장.

8. 같은 책. 5.

9. C. S. Lewis, *The Weight of Glory and Other Addresses* (New York: HarperOne, 1980), 31-32.

10. Gloria Steinem, "Anne Lamott Talks to Gloria Steinem about Writing, Kindness, and Making Sense of the Universe," *Cosmopolitan*, 2017년 4월 3일, http://www.cosmopolitan.com/lifestyle/a9224345/anne-lamott-gloria-steinem-hallelujah-anyway/.

11. Evelyn Underhill, *Mysticism: A Study in the Nature and Development of Spiritual Consciousness* (Mineola, NY: Dover Publications, 2002), 176.

12. Willard, *The Divine Conspiracy*, 61-62. 달라스 윌라드, 《하나님의 모략》(복있는사람 역간).

13. Alcoholics Anonymous, *Twelve Steps and Twelve Traditions* (New York: The A. A. Grapevine and Alcoholics Anonymous World Services, 1981), 106-107.

14. Bill J. Leonard, *A Sense of the Heart: Christian Religious Experience in the United States* (Nashville: Abingdon, 2014), 7장을 보라.

15. Lewis, *The Weight of Glory*, 36, 42-43.

16. Thomas Merton, "The Night Spirit and the Dawn Air," *Conjectures of a Guilty Bystander* (New York: Image Books, 1968), 167.

5. 정화, 내 안의 지옥을 태워 버리다

1. Søren Kierkegaard, *The Sickness unto Death: A Christian Psychological Exposition of Edification and Awakening by Anti-Climacus* (London: Penguin Books, 1989), 84. 쇠렌 키르케고르, 《죽음에 이르는 병》.

2. 같은 책. 126. 쇠렌 키르케고르, 《죽음에 이르는 병》.

3. 같은 책. 109. 쇠렌 키르케고르, 《죽음에 이르는 병》.

4. 같은 책. 115. 쇠렌 키르케고르, 《죽음에 이르는 병》.

5. Terre Spencer, "It's Hard to Get Enough of What Almost Works"에 인용, http://www.jungatlanta.com/articles/summer11-hungry-ghosts.pdf.

6. Kent Dunnington, *Addiction and Virtue: Beyond the Models of Disease and Choice* (Downers Grove, IL: InterVarsity Press, 2011), 186-187.

7. Herman Melville, *Moby-Dick* (Boston: C. H. Simonds Company, 1892), 49. 허먼 멜빌, 《모비 딕》.

8. David Brooks, *The Road to Character* (New York: Random House, 2015), 6. 데이비드 브룩스, 《인간의 품격》(부키 역간).

9. C. S. Lewis, *Mere Christianity* (San Francisco: HarperOne, 2001), 122-124. C. S. 루이스, 《순전한 기독교》(홍성사 역간).

10. Cornelius Plantinga Jr., *Not the Way It' Supposed to Be: A Breviary of Sin* (Grand Rapids, MI: Eerdmans, 1995), 82-83.

11. Charles Taylor, *A Secular Age* (Cambridge, MA: Harvard University Press, 2009), 620.

12. James K. A. Smith, *How (Not) to Be Secular: Reading Charles Taylor* (Grand Rapids, MI: Eerdmans, 2014), 107.

13. Dallas Willard, *Renovation of the Heart: Putting On the Character of Christ* (Colorado Springs, CO: NavPress, 2012), 60. 달라스 윌라드, 《마음의 혁신》(복있는사람 역간).

14. Dallas Willard, 게리 문의 출간되지 않은 원고에 인용.

15. George MacDonald, *Knowing the Heart of God: Where Obedience Is the One Path to Drawing Intuitively Close to Our Father* (Minneapolis: Bethany House, 1990), 52.

16. Dallas Willard, *The Divine Conspiracy: Rediscovering Our Hidden Life in God* (New York: HarperSanFrancisco, 1998), 342. 달라스 윌라드, 《하나님의 모략》(복있는사람 역간).

17. Plantinga, *Not the Way It' Supposed to Be*, 34.

18. 구약 성경의 고대 헬라어 역본인 70인역(Septuagint)은 '샬롬'을 번역할 때 주로 '히기아노'(hygiano) 혹은 같은 어원의 단어들을 사용한다. 따라서 우리는 '샬롬'을 흔히 '평화'로 번역하지만 사실 '샬롬'은 더 풍부한 의미, '온전함'에 더 가까운 의미를 갖고 있다.

19. Plantinga, *Not the Way It' Supposed to Be*, 35.

6. 깨달음, 예수님이 믿었던 것을 나도 믿다

1. Helen Keller, *The Story of My Life*, John Albert Macy 편집 (New York: Grosset and Dunlap, 1905), 21.

2. 같은 책. 23-24.

3. Lewis Carroll, *Through the Looking-Glass*, 5장. 루이스 캐롤, 《거울 나라의 앨리스》.

4. Richard B. Hays, *The Faith of Jesus Christ: The Narrative Substructure of Galatians 3:1-4:11* (Grand Rapids, MI: Eerdmans, 2002), 148-150.

5. 마태복음 16장 16절 , *Da Jesus Book* (Orlando: Wycliffe Bible Translators, 2000) 중.

7. 연합, 예수의 손가락과 근육과 세포로 살다

1. Amanda White, "Smells Ring Bells: How Smell Triggers Memories and Emotions," *Brain Babble* (blog), 2015년 1월 12일, https://www.psychologytoday.com/blog/brain-babble/201501/smells-ring-bells-how-smell-triggers-memories-and-emotions.

2. Terre Spencer, "It's Hard to Get Enough of What Almost Works," http://www.jungatlanta.com/articles/summer11-hungry-ghosts.pdf에 인용.

3. Erwin Schrödinger, *What Is Life?: With Mind and Matter and Autobiographical Sketches* (Cambridge, UK: Cambridge University Press, 1992), 69. 에르빈 슈뢰딩거, 《생명이란 무엇인가》 (한울 역간).

4. Dallas Willard, *The Spirit of the Disciplines: Understanding How God Changes Lives* (New York: HarperSanFrancisco, 1988), 57. 달라스 윌라드, 《영성 훈련》(은성 역간).

5. Christopher J. H. Wright, *Salvation Belongs to Our God: Celebrating the Bible's Central Story* (Downers Grove, IL: InterVarsity Press, 2007), 43.

6. Rankin Wilbourne, *Union with Christ: The Way to Know and Enjoy God* (Colorado Springs: David C. Cook, 2016).

7. John Calvin, *Institutes of the Christian Religion*, II.xvii.1. 장 칼뱅, 《기독교 강요》.

8. Huston Smith, *The World's Religions* (New York: HarperCollins, 1991), 115. 휴스턴 스미스, 《세계의 종교》(은성 역간).

9. C. S. Lewis, *The Weight of Glory and Other Addresses* (New York: Macmillan, 1980), 16-17.

10. Brenda B. Coljin, *Images of Salvation in the New Testament* (Downers Grove, IL: InterVarsity Press, 2010), 249.

11. Luke Timothy Johnson, Richard B. Hays의 *The Faith of Christ: The Narrative Substructure of Galatians* 3:1-4:11 (Grand Rapids, MI: Eerdmans, 2002), xiv의 서문.

12. Klyne Snodgrass, *Who God Says You Are* (Grand Rapids, MI: Eerdmans, 2018), 94-95.

13. Miroslav Volf, *Exclusion and Embrace: A Theological Exploration of Identity, Otherness, and Reconciliation* (Nashville: Abingdon, 1996), 69. 미로슬라브 볼프, 《배제와 포용》(IVP 역간).

14. C. S. Lewis, *Mere Christianity* (New York: HarperCollins, 1952), 63-64. C. S. 루이스, 《순전한 기독교》(홍성사 역간).

15. 같은 책, 175-177. C. S. 루이스, 《순전한 기독교》(홍성사 역간).

16. Edward Schillebeeckx, *Jesus: An Experiment in Christology* (New York: Crossroad, 1981), 201.